KB140915

어른이 된다고
다 괜찮아지진 않았다

여전히
성장 중인
나를 위한
마음 상담소

어른이 된다고
다 괜찮아지진 않았다

이 경 희 지 음

흐름출판

마음속 어린아이가
울고 있었다

    심리 상담사가 되기 위한 수업 과정에는 '개인 상담받기'가 들어가 있는 경우가 많다. 심리 상담사 개인의 인격과 태도가 심리 상담의 효과에 많은 영향을 미치기 때문이다. 심리 상담사가 건강하지 못하면 내담자를 제대로 돕지 못한다. 내담자들에게 더 깊이 공감하고 치유의 여정에 동행하기 위해서는 나부터 묻어둔 과거를 돌아보려 노력하며 자신을 탐구해야 한다.

    그런 이유에서 이 책은 수십 년간 나 자신을 탐구하며 얻은 결과물이다. 동시에 수천 명의 내담자와 동행하면서 수집한 마음 성장에 관한 구체적인 방법을 다룬다. 내면 성장의 구체적인 원리를 찾아내기 위해, 수많은 심리학 이론을 나와 내담자들에게 적용하고 검토하기를 반복했다. 수십 년간의 연구를 통한 시행착오와 결실들을 모아 이 책에 담았다.

제대로 된 집 하나를 지으려면 수백 장의 설계도가 필요한 법이다. 배치나 구성뿐 아니라 기둥의 하중 계산, 전기, 소방, 설비, 안전 등 중요한 요소들이 모두 포함되어야 비로소 설계다. 마음도 마찬가지다. 저마다 가지고 있는 마음의 집 모양이나 재료가 다를 수 있지만, 누구에게나 마음 성장 원리는 공통적으로 존재한다. 자아, 무의식, 콤플렉스, 방어 기제 등 이론에서의 심리학을 잘 아는 사람들은 많다. 하지만 막상 그 용어가 자신의 현실에 어떻게 적용되고, 자신의 마음이 어떻게 성장하는지에 대해 아는 사람은 드물다. 어른이 된다는 건 무엇일까? 성장의 기준은 무엇이고, 어떻게 성장해야 하며, 성장을 실천하기 위해서는 어떻게 해야 할까? 이에 관한 가이드라인을 제시하기 위해 노력했다.

내 오랜 관심사는 사람들이 왜 힘들어하는지였다. 고민 끝에 얻은 결론은 대부분이 부정적인 감정의 덩어리로 인해 힘들어한다는 사실이었다. 덩어리들이 세분화되지 못한 채 모호하게 인식될 때, '나'는 뒷전으로 밀려난다. 내가 만난 대부분의 내담자는 자신보다 '타인'이 먼저였던 사람들이다. 그들은 자신을 차치한 채 타인 중심으로 살다가 번아웃을 겪고, 스스로를 잃고 삶의 방향성을 상실하곤 했다. 어쩌면 이기적인 세상에서 이타적으로 사는 것이 성숙한 삶의 태도라고 여겼을지도 모른다. 그러나 과도한 이타심은 이타심이 아니다. 내가 간과하고 소외시킨 '나'의 그림자는 점점 커지고 짙어지다가 결국 '나'를 집어삼키고 만다. 내 삶의 주인이 내가 되어야만 하는 이유다.

처음 내가 글을 쓰게 된 까닭은 경제적, 심리적 어려움 때문에 심리 상담소를 찾지 못하는 사람들에게 도움을 주기 위해서였다. 그런데 글을 하나둘 정리하며 생각해 보니 이 시대를 살아가는 사람들 중 힘들지 않은 사람이 없었다. 그러니 이 책은 모두를 위해 쓰였다고도 볼 수 있지 않을까? 어떻게 살아야 하는지를 알면 나아갈 방향을 알 수 있다. 마음의 원리를 알면 조금 덜 흔들리며 살 수 있다. 진정한 어른이 되기 위해 더 늦기 전에 마음을 공부해야 한다.

《어른이 된다고 다 괜찮아지진 않았다》에는 심리 상담사로 일한 25년의 시간과 그 시간을 함께해 준 3,600명의 내담자와의 대화가 집약되어 있다. 심리학 이론을 임상에 구체적으로 적용하며 얻은 심층적인 내용들은 불확실한 세상에서 자신을 바로 세우는 방법을 알려준다. 그러나 행복을 찾는 방법을 알려주지는 않는다. 행복은 직접 찾아나서야 한다. 대신, 힘들 땐 힘들어하고, 아플 땐 아파하며, 기쁠 땐 기뻐하다가, 화가 나면 화를 낼 수 있도록 도울 것이다.

여러분이 남들이 하는 대로, 사회적 기대에 부응하기 위해 애쓰며 살지 않았으면 좋겠다. 자신이 느끼고 사고한 바에 충실한 삶을 살아갈 수 있기를 바란다. 더는 타인에게 지배되지 않기를, 그로 인해 자신을 방치하지 않기를 기대한다. 용기 내 내디딘 한 걸음들이 쌓이고 쌓여 내 삶의 주인공으로서의 충만함을 느낄 수 있다. 자신의 삶을 외면하지 않고 마주보며 성장할 여러분을 진심으로 응원한다.

2023년의 끝자락에서
이경희

1장

어른이
되지 못한
어른들

당신은 자신을
몇 퍼센트나
알고 있나요?

처음 상담실을 찾아온 날 미연은 남자친구와 헤어진 지 6개월이 지났는데도 밤마다 눈물이 멈추지 않는다고 했다. 졸업 논문 제출 시한이 당장 눈앞에 닥쳤는데도 손도 못 댄 상황이었다. 깊은 무기력감 탓에 논문 작성뿐만 아니라 아무것도 하고 싶지 않았다. 미연과 남자친구가 사귄 기간은 불과 두 달. 그런데도 일상생활을 영위할 수 없을 만큼 무너져 버렸다. 미연은 잠깐의 만남으로 속절없이 무너진 자신이 창피해서 아무에게도 속내를 이야기하지 못했다. 그녀는 연신 눈물을 흘리면서도 자신은 원래 이렇게 약한 사람이 아니라고 강조했다.

실제로 그랬다. 미연은 청소년기부터 부모의 도움 없이 씩씩

하게 외국 생활을 했다. 몇 번의 이별과 타지에서의 어려움도 잘 이겨냈다. 그래서 당연히 스스로를 단단한 사람이라고 믿었다. 그런데 고작 두 달간의 만남과 이별이 왜 이렇게 힘든 걸까? 미연은 이런 자신의 모습이 본인이 알고 있었던 자신이 아닌 것 같다고 말했다.

철호는 대학에 입학한 뒤 취업하기까지 앞만 보고 달려왔다. 그는 스스로를 야망 있는 사람이라고 정의했다. 성실히 노력한 끝에 남들이 선망하는 꿈의 직장에 들어온 지 6개월. 겨우 반년 만에 철호의 마음이 조금씩 이상해지기 시작했다. 원래는 경제적으로 독립했으니 그간 참아왔던 취미 활동도 하고 여행도 마음껏 다닐 계획이었다. 그런데 좀처럼 의욕이 생기지 않았다. 예전의 활력 있는 모습은 온데간데없이 사라져 버렸다. 좌표를 잃어버린 배처럼 어디로 가야 할지 가늠할 수 없었다. 아무리 마음을 다잡으려 해도 대학 시절의 열정을 살릴 수 없었다. 도대체 왜 이렇게 된 걸까? 자신도 모르는 사이에 어딘가 망가져 버린 걸까? 철호는 이유를 모르겠다며 망연자실한 표정을 지었다.

미연과 철호, 두 사람은 언제부터인가 삶을 제대로 즐기지 못했다. 무기력과 우울감으로 활력을 잃었다. 현재의 삶이 제대로 작동하지 않는다는 것은 마음속 어딘가에 에너지가 묶여서 벗어나지 못하는 상태임을 뜻한다.

그런데 잠깐. 이들의 마음 상태를 들여다보기 전에 우선 알아두어야 할 게 있다. 도대체 마음이란 무엇일까? 우리는 자신의 마음을 잘 안다고 착각하지만 누구나 마음속에 알지 못하는 부분들이 존재한다. 그 마음을 돌보지 않으면 문제가 발생한다. 쉽게 말해, 마음은 다양한 감정들이 살아가는 집이다. 그곳에는 긍정적인 감정과 부정적인 감정이 공존한다. 행복, 사랑, 감사, 기쁨, 만족 등 긍정적인 감정은 삶을 수긍하게 하고, 우울, 좌절, 분노, 실망 등 부정적인 감정은 삶을 부정하게 한다. 부정적인 감정에 사로잡히면 에너지는 가라앉고 회의감으로 인해 활력이 떨어진다. 이런 상태에서는 자신이 겪는 부정적 경험을 있는 그대로 수용하기가 고통스럽다. 머리를 흔들며 '아닐 거야'라고 긍정적인 생각을 가져보려 애쓰지만 큰 효과는 없다. 에너지만 잡아먹힐 뿐이다. 이런 이유로 부정적 감정을 어떻게 처리하는지에 따라 우리의 심리 상태는 크게 달라진다.

누구나 한 번쯤 경험해 볼 법한 상황을 가정해 보자. 주말 점심, 오랜만에 친구들을 만나 즐거운 시간을 보내고 집으로 돌아왔다. 아무런 생각 없이 핸드폰을 뒤적이며 쉬고 있다. 그런데 갑자기 낮에 만났던 친구의 말 한마디가 스멀스멀 떠오른다. 분명 마음에 담아두었던 말도 아니고 조금 전까지만 해도 전혀 심각하게 여기지 않았다. 그러나 점점 그 말이 머릿속을 가득 채우며 기분이 가라앉기 시작한다.

'그런 뜻이 아닐 거야. 걔가 그런 뜻으로 말했을 리 없어. 함부로 단정하지 말자.' 자신을 아무리 다독여도 불쾌한 감정이 사라지지 않는다. 친구가 농담처럼 던진 단순한 한마디였다. 별다른 의도가 없었을 거라고 생각해 봐도 부정적인 감정은 쉽게 추슬러지지 않는다. 오히려 기억도 안 날 만큼 아주 오래전의 기억까지 되살아난다. 점점 더 화가 치솟고 자존심까지 상한다. 부정적인 감정에 사로잡혀 버린 것이다. 심리학에서는 이를 의식에서 통제되지 않는 마음, 즉 억압된 무의식의 발현이라고 한다.

억압된 감정의 그림자 속 소화되지 못한 감정

수호는 하고 싶은 말이 있어도 제대로 말하지 못하는 자신이 싫었다. 상담실을 찾은 날에도 그랬다. 수호는 좌석 버스를 타고 상담실로 오고 있었다. 목적지를 한 정류장 앞둔 수호가 옆자리에 앉은 사람에게 "저 내릴 건데 잠시 비켜주세요"라고 했더니 "저도 내려요"라며 비켜주지 않았다. 빨리 내리고 싶은데 나갈 수 없으니 화가 났다. '자기가 뭔데 비켜주지 않지?', '한 번 더 말할까?', '말했다가 싸움이 나면 어떡하지?', '기다리는 게 맞는 건가?' 등 내면의 목소리가 머릿속을 시끄럽게 했다. 그러나 수호는 끝내 내려야 할 정류장에 도착할 때까지 아무 말도 하지 못했다. 그런 자신에 대한 실망감과 그때 느낀 부정적인 감정이 상담실에 들어설 때까지 사그라지지 않았다. 수호는 부정적인 감정에 한번 사로잡히면 쉽사리 벗어나지 못했다. 자고 나면 감정이 정리될 거라고 스스로를 다독이지만 무의식 층에 분노의 조각만 하나 더 생길 뿐이었다.

부정적인 감정은 쉽사리 사라지거나 통제되지 않는다. 소화되지 못한 감정들 때문이다. 이를 심리학 용어로 '억압된 감정, 그림자'*라고 한다. 수호가 버스에서 옆 사람의 작은 거절에도 말 한마디 못 한 데는 이유가 있다. 수호는 상대방과 자신이 다른 입장에 처했을 때 대부분 상대방에게 맞추었다. 수호에게 '입장 차'는 곧 갈등의 시작이었다. 이처럼 서로의 의견 차이에 대한 두려움은 그가 어렸을 때 겪은 학교 폭력과 맞닿아 있었다. 학교

---

* '그림자'는 자아상과 반대되는 개념으로, 우리 자신이 용납하기 어려운 특질과 감정으로 구성되어 있다.

폭력을 경험하면서 수호는 갈등 상황을 회피하기 위해 노력했다. 입장 차가 발생하면 최대한 자신의 욕구를 억누르는 게 수호로서는 최선의 해결책이었고 현재까지 이어져 온 익숙한 대처법이었다. 과거의 경험 때문에 갈등이 빚어지는 상황 자체를 본능적으로 회피했다. 과거의 그림자가 수호를 옭아매 진실된 감정을 속이고 참도록 만들었다.

이렇듯 내면의 그림자가 작동하면 과거에 사로잡혀 현재를 살지 못하게 된다. 일례로, 상사에게 지적받으면 과도한 긴장감 탓에 얼어붙는 사람들의 과거에는 어른에게 무섭게 혼났던 경험이 있다. "몸이 힘들었던 기억은 어딘가에 흔적을 남긴다"는 어느 의사의 말에 무릎을 친 적이 있다. 마음에도 같은 원리가 적용된다. 감정은 살아 있는 생명체 같아서 이전에 경험했던 것과 비슷한 자극을 만나면 묻어두었던 감정이 되살아난다. A와 B에 대한 기억이 있다면, B만 봐도 A가 떠오르는 식이다.

수호처럼 청소년기에 이유도 모른 채 학교 폭력을 경험한 이들은 성인이 되고 나서도 사람 믿기를 두려워하고 대인 관계에 어려움을 겪는다. 따돌림을 받았던 경험으로 인해 '마음의 문을 열면 상대에게 당할 수도 있다'는 경각심이 가슴속 깊이 새겨져 있다. 이런 상태에서는 온전한 자신을 드러내기 어렵다. 오히려 타인에게 거부당하지 않으려고 무작정 타인에게 맞추거나 거리를 두고 피상적으로 대하는 쪽을 선택한다. 그림자 속 감정은 현재의 자극을 묻어둔 채 왜곡되고 증폭된다. 감정적인 어려움을 호소하는 이들의 과거 경험을 살펴봐야 하는 것은 이 때문이다.

실제로 상담실을 찾아온 내담자들은 과거의 관계에 상처를 받은 후 대인 관계 패턴이 바뀐 경우가 많다. 이들은 타인의 마음을 거스르지 않기 위해 타인의 기준에 맞추어 사는 경향을 보인다. 하지만 그렇게 살아도 타인의 마음을 전부 알아차릴 수 없으니 더 눈치를 보고 더 불안해한다. 거절의 경험에서 벗어나려고 노력하지만 불안으로부터 완전히 자유로워지지 못한다. 그러다가 결국 자신이 누구인지조차 제대로 알 수 없는 혼란한 상태에서 상담실을 찾아온다.

자신을 아는 것은 쉬운 일이 아니다. 따돌림 같은 대인 관계에서의 문제를 겪지 않았던 사람들도 마찬가지다. 누구나 마음속 깊은 곳에 내가 알지 못하는 내가 존재한다. 자신을 잘 안다고 생각해도 실제로는 어느 한 부분만 간신히 파악한 것일 뿐이다. 대부분의 사람이 힘들었던 기억을 마음속 어딘가에 품고 있지만 모른 채(또는 모른 척) 살아간다. 그러나 언제까지고 그렇게 있을 수만은 없다. 자신을 마주 보기 시작할 때, 우리는 한 걸음씩 나아갈 수 있다. 그렇게 우리의 마음은 성장한다.

세상에서 가장 어려운,
내 마음 알기

신입 사원 A와 B가 있다. 일 처리를 제대로 하지 못한 A는 동료들이 보는 앞에서 상사에게 꾸지람을 들었다. 일을 제대로 처리하지 못해 동료들에게 피해를 준 것 같아 너무 미안하고 창피했다. 다음 날 A는 전날의 실수로 여전히 우울했지만, '앞으로는 잘해야지' 하며 우울한 마음을 다독이고 지하철을 탔다. 앞으로는 좀 더 꼼꼼하게 일해야겠다는 생각을 했다. 우울한 감정을 다독이고 자신이 개선해야 할 태도에 집중한 것이다. A는 자신의 마음을 잘 알고 있기에 과거의 감정에 영향을 받지 않고 현재의 삶을 살아갈 수 있었다.

B도 일 처리를 제대로 하지 못해 동료들이 보는 앞에서 상

사에게 꾸지람을 들었다. 일을 제대로 처리하지 못해 동료들에게 피해를 준 것 같아 너무 미안하고 창피했다. '앞으로는 잘해야지' 하며 우울한 마음을 다독이고 지하철을 탔다. 그런데 가만히 앉아서 가다 보니 스멀스멀 부정적인 생각들이 떠오른다. 의도적으로 생각하는 게 아니다. '난 제대로 하는 게 하나도 없네', '이렇게 위축된 마음을 들키면 날 어떻게 볼까?', '날 무시하면 어떡하지?' 같은 생각이 꼬리를 물고 떠올라 괴롭다. 다음 날에도 B는 여전히 우울하다. '신입이니 힘들 수밖에 없지'라고 애써 생각해 그런 마음은 금세 자취를 감춘다. 과거의 '아픈 경험'들이 몰려온다. 지나친 생각이라며 머리를 흔들어도 위축되고 초라해질 뿐이다.

A와 달리 B에게서는 과거의 아팠던 흔적이 보인다. 상사에게 혼난 경험이 과거의 감정들을 증폭시키며 무능함, 무시, 위축, 거부당함 같은 부정적인 감정들이 수면 위로 올라온 것이다. 실제 자극에 의해 생겨난 감정보다 더 크고 무거운 감정이 B를 짓누른다. 이렇듯 마음이 쉽게 통제되지 않는 이유는 과거의 감정들이 콤플렉스가 되어 B를 지배하고 있기 때문이다. 이 콤플렉스가 바로 해결해야 할 마음이다.

'나'를 대면해야 마음이 단단해진다

과거의 경험으로 인해 만들어진 콤플렉스를 극복하기 위해서는 먼저 자신의 마음을 이해해야 한다. 내가 모르고 있던 그림자는 없는지 되돌아본다. 무의식 속에 밀어놓았던 과거의 경험과 감정을 끌어내 마주해야 지금의 나를 사로잡고 있는 불안한 심리 상태에서 벗어날 수 있다. 오죽하면 아주 오래전 소크라테스Socrates가 "너 자신을 알라"라고 말했겠는가. 자신을 아는 것도 어렵지만, 현재 나에게 영향을 미치는 결정적인 문제를 파고드는 것도 어려운 일이다. 나 또한 과거의 내 모습을 생각하면 부끄러울 때가 있다. 애써 타인의 삶을 살았던 경험도 있다. 좋은 사람인 척 연기하느라 속으로는 부대꼈던 기억도 적지 않다. 좋은 사람으로 보이기 위해 솔직한 내 모습을 숨기고 억누르다가 자극을 받아 공격성과 우울감이 불쑥 튀어나오기도 했다. 나도 모르는 사이에 그 모습을 누군가에게 드러냈을 수도 있다. 심리학을 통해 내 내면을 들여다보기 전까지 자신을 억압하는 감정이 있다는 사실을 모른 채 살았다. 그 시절의 나는 자신을 절반도 모른 채 살았던 것이다.

내담자들에게 "자신에 대해 몇 퍼센트나 알고 계신가요?" 물었을 때, 100퍼센트라는 대답이 돌아오는 경우는 거의 없다. 자신을 잘 알고 있다고 생각했던 사람들도 자신 있게 답하지 못한다. 특별한 사건이나 경험을 계기로 삶이 전복되었다고 느끼거나 자신이 생각한 '나'의 모습과 실제 '나'의 모습에 간극이 있음을 깨닫게 된다. 마음 돌봄은 대체로 내적 갈등을 경험한 후에 시작된다. 삶이 평온하고 행복할 때는 과거의 자신을 대면할 필요성을 못 느낀다. 삶이 힘들어져야 자신의 내면을 대면하게 된다. 그런데 때로는 힘들었던 과거의 자신을 만나는 일이 두렵기까지 하다. 과잉 팽창되었던 또는 위축되었던 '나'를 발견하는 것은 부끄럽고 창피한 경험이다. 그러나 '나'를 대면하고 나면 마음이 단단해진다. 비로소 무의식의 의식화가 이루어지는 것이다.

아이 같은 어른
vs. 어른 같은 아이

엄마 몰래 상담실에 온 소연은 자신이 여든 노인이 되어도 아이 같을까 봐 겁내고 있었다. 대학을 졸업하고 입사한 첫 회사에서 소연은 동료들과 점점 멀어지는 중이었다. 그로 인해 자괴감을 느끼면서도 대인 관계를 어떻게 해야할지 전혀 갈피를 잡을 수 없었다. 점심시간이면 동기들과 밥을 먹으러 가기는 했지만, 두세 명씩 끼리끼리 걸을 때 끼지 못하고 늘 혼자 눈치 보며 뒤따랐다. 이런 경험이 처음도 아니었다. 소연은 초등학교 시절부터 친구라고 칭할 만한 관계를 가져본 적이 없었다. 20대가 된 지금까지도 직장 외에는 대부분의 시간을 엄마와 집에서 지내고 있었다.

소연은 완충재를 가득 채운 방에 갇혀 자란 것이나 마찬가지다. 엄마가 모든 걸 준비해 주었고, 소연은 엄마가 시키는 대로했다. 소연은 자신에게 최선을 다하는 엄마와 모든 걸 공유하지만 정작 진짜 힘든 일은 엄마에게 말할 수 없었다. 회사 사람들과 어울리지 못하는 어려움도 엄마와는 공유할 수 없었다. 그러면서도 어떻게 해야 할지 모르겠어서 마냥 두려워했다.

소연은 작은 바람에도 휘청댈 만큼 불안에 시달리고 있었다. 단단한 자기중심이 없다 보니 작은 흔들림에도 크게 휘청거리고 이겨낼 힘 또한 없다. 유년기라면 부모가 바람을 막아주겠지만 성인이다 보니 스스로 헤쳐나가야 한다. 그러나 소연은 그러지 못하고 있다. 진즉 벗어났어야 할 엄마의 좁고 따뜻한 품 안에서 성장해 버린 것이다. 그런 상황에서 사회생활을 시작한 소연은 아무런 준비 없이 밖으로 내던져진 것과 마찬가지다. 당연히 적응에 어려움을 겪을 수밖에 없다. 완충재로 가득하던 방에서 천천히 나와 자신의 두 발로 걸을 준비를 했어야 하는데, 그 과정이 이루어지지 않았다.

소연이 용기를 내 밖으로 나가려고 할 때마다 엄마는 '세상은 무서운 곳이야'라며 겁을 주었다. 어떤 외부 활동도 허락하지 않았다. 사람들이 살아가면서 자연스레 알게 되는 대인 관계 맺는 방법, 자기표현 방법을 소연은 몰랐다. 엄마의 과보호 속에서 성공과 좌절 그 어떤 것도 경험하지 못한 채 자랐다. 그 결과, 소연은 상사가 던진 사소한 질문에도 당황하며 답하지 못하고, 사수가 업무를 알려주어도 머릿속이 하얘져 제대로 숙지하지 못했다. 이렇게 실수가 계속되니 소연은 직장을 계속 다닐 수 있을지 걱정되었다. 좌절과 실패를 경험하지 않게 하려던 엄마의 지나친 보살핌이 오히려 어른으로서의 성장을 막은 셈이다. 과도한 보호가 때때로 독이 되기도 한다는 사실을 이 사례를 통해 알 수 있다.

주어진 환경에 맹목적으로 순응하다 보면 영혼이 파괴된다. 어른이 된다는 것은 심리적 의존 상태에서 벗어나 독립하는 것이다. 부모와 한 몸 같던 융합 상태에서 벗어나 자신만의 입장을 가진 '나'가 굳건히 자리잡아야 진짜 어른이 되었다고 할 수 있다. 그런데 소연은 화법부터 어른의 형태가 아니었다. "사람들이 나한테 ○○했어요", "엄마가 ○○했어요"라는 식으로 타인이 어떻게 해서 힘들다는 투로 이야기했다. "나는 ○○하고 싶어요", "동료들이 나를 따돌려서 외로웠어요" 같은 자신의 입장이 없었다. 그런 소연이 엄마 몰래 상담받으러 온 것은 매우 큰 용기를 내 자신을 드러낸 행동이었다. 소연은 "더 이상 이렇게 살고 싶지 않아요. 변하고 싶어요"라며 변화의 의지를 드러냈다. 그러나 아쉽게

도 상담은 3회기 만에 막을 내렸다. 다시 연락하겠다는 말을 남겼지만, 그날 이후 소연을 다시 만날 수 없었다.

상담을 하다 보면 내담자의 상태가 좋은 방향으로 변화되어 상담자로서 뿌듯할 때가 있다. 이럴 때는 나도 함께 성장한 기분이 든다. 하지만 모든 일이 그렇듯 항상 해피엔딩만 있지는 않다. 지금 소연은 어떤 방향으로 변화하고 어떤 모습으로 살아가고 있을까?

심리 상담의 목적은 '어른의 몸속에 갇힌 아이'를 성장시키는 데 있다. 어른이 되어서도 내면이 어린아이에 머무른다면, 어른들이 모인 세상에서 어린아이가 어른 역할을 하려고 애쓰는 모양새가 된다. 아이에 머물러 있는 상태에서는 아무리 노력해도 한 명의 어른으로 살아가기 어렵다.

성호는 입사 후 자신을 하나하나 챙겨주지 않는 사람들을 보며 더없이 혼란스러웠다. 다들 바빠서 정신없으니 양해해 달라는데, 자신을 무시하는 것만 같았다. 결국 한 달 만에 회사를 그만두고, 정신 건강 의학과에서 약을 처방받았다. 정신 건강 의학과를 찾음으로써 문제의식을 가지고 행동에 옮기기까지 했다. 그러나 그는 처방받은 약을 단 하나도 먹지 않았다. "약을 타 오긴 했는데 엄마의 허락을 받아야 안심하고 먹을 수 있을 것 같아요. 아직 약봉지에 손도 못 댔어요."

성호의 마음속에 존재하는 '엄마'의 크기는 자신보다 컸다. '나'라는 주체가 작을수록 외부의 영향에 쉽게 휘둘릴 수밖에 없다. 어른보다 아이들에게 부모의 말이 큰 힘을 발휘하는 것은 이런 이유 때문이다. 또한 나와 외부 대상이 연결된 부분이 클수록 자신과 타인의 구분은 어려워진다. 심리적으로 독립한다는 것은 나와 타인을 구분하고 심리적 경계를 그을 수 있다는 뜻이다. '나'의 목소리 없이 어른이 되기란 불가능하다.

의존성 문제로 상담받으러 온 대부분의 내담자는 주체적으로 선택해 본 경험이 별로 없다는 공통점이 있다. 작고 사소한 일일지라도 자신의 욕구와 입장을 중심에 두고 선택해야 한다. 자신의 선택을 믿고 지켜봐 주는 사람을 보면서 우리는 타인에게 지지를 받는다고 느낀다. 이런 경험을 하면서 자신에 대한 확신이 자란다. 스스로 선택해야 성공 또는 실패가 자신의 경험이 된다. 특히 외부 상황과의 관계에 있어서 자기 생각이나 감정이 어떤지 잘 살펴야 한다. 대인 관계에서도 자신의 생각이나 감정이 어떤지 제대로 파악하는 게 좋다. 상대방이 아니라 본인의 입장이 분명해야 한다.

일찍 어른이 된 아이의 성장

절대적으로 믿었던 영적 스승에게 배신당한 정호는 모든 것이 무너져 가는 상태로 상담실 문을 두드렸다. 어렸을 때부터 영민해 무엇이든 알아서 잘했던 정호는 자신이 성숙한 편이라고 생각하며 자랐다. 그러나 몇 번의 상담을 거치면서 그는 자신이 흑백 논리에 지배되는 면이 많다는 사실을 깨닫게 되었다.

정호는 모든 것을 선과 악으로 구분했다. 좋은 것 아니면 싫은 것, 남의 말을 전적으로 믿거나 아니면 아예 무시하는 식으로 극단적인 구분과 선택을 하며 살아왔다. 그러던 어느 날, 선함으로 세상을 구원하고 싶다는 스승을 만나면서 직장을 그만두고 종교적인 헌신을 시작하게 되었다. 스승과 마음이 맞는다고 생각한 정호는 수제자가 되고 싶었다. 가끔 스승의 말과 행동에 이상한 느낌이 들기도 했지만 '설마, 그럴 리 없지. 다른 생각하지 말자'며 모든 것을 긍정적으로 보려고 했다. 이상적 가치 추구가 중요하다고 생각하며 실제적인 단서들을 외면했다. 흑백 논리에 빠져 현실을 왜곡하고 부정적 측면은 애써 외면한 것이다.

정호는 왜 그랬을까? 몇 차례 상담을 진행하면서 이유가 드러났다. 그는 자라면서 부모에게 칭얼거린 적이 한 번도 없었다.

무언가 사달라고 떼쓰거나 울었던 기억도 없다. 언제나 자신은 무엇이든 혼자서 잘할 수 있다고 생각했다. 아무리 힘들어도 더 노력하면 된다고 믿었다. 어른들에게 도움을 요청하는 친구들을 보면서 '나보다 수준이 낮네', '아직 애네'라고 생각하며 어른스 러운 자신을 뿌듯해하고 자랑스러워했다.

그런데 정작 중요한 걸 놓치고 있었다. 정호는 긍정적 감정 은 북돋고 부정적 감정은 무시했다. 아이임에도 아이가 당연스 레 느낄 법한 감정을 참았다. 칭얼거리고 싶은 나약한 내면을 인 정하지 않았다. 의존하고 싶은 마음을 외면하고 애어른처럼 행동 했다.

정호가 초등학교 1학년이었을 당시, 숙제를 하기 위해서는 엄마의 도움이 필요했다. 엄마가 퇴근하기를 밤늦게까지 기다리 다 지쳐 잠든 정호는 아침에 일어나 반가운 마음에 엄마를 찾았 지만, 한껏 지친 엄마의 모습에 아무 말도 할 수 없었다. 어린 마 음속에서 무언가가 포기되는 느낌이 들었다. 정호는 "그때부터 누군가에게 도와달라고 말하기가 힘들어졌어요"라고 말했다.

그날 이후 정호는 애어른처럼 행동했다. 알아서 공부하고, 항 상 의젓했으며, 친구의 이야기에 공감해 주었다. 매년 반장을 도 맡아 할 만큼 친구들 사이에서 인기도 많았다. 어른들은 하나같 이 정호를 칭찬했다. 그럴수록 정호는 점점 더 부정적인 감정을 숨기게 되었다. '나는 어른이니까' 하면서 말이다. 정호의 감정을 보듬어 줄 사람은 사라지고 힘든 이야기를 들어달라는 사람만 늘 어났다. 가족들은 힘든 일이 생길 때마다 정호만 쳐다보고 의지 했다. 그 결과, 멋진 페르소나persona*를 만들었지만, 정호의 마음 은 성장을 멈췄다.

신앙을 위해 정호가 직장을 그만두었을 때, 사람들은 믿음에 전부를 쏟아붓는 것이 멋진 종교인의 모습이라고 입을 모아 칭찬 했다. 그러나 사실은 길을 잃고 헤매던 어린아이가 보호자를 찾 은 듯, 스승에게 자신의 모든 것을 맡기는 의존적인 선택에 불과 했다. 한때 그와 함께 믿음을 키워갔던 사람들이 의심스러운 스 승의 태도에 미심쩍어하며 하나둘 떠날 때도 정호는 의심을 차단 하고 믿음을 굳건히 하려 애썼다. 성장하지 못한 마음이 현실을 외면하게 만들고 그가 치유할 수 없는 타격을 입을 때까지 버티 게 만든 것이다.

마음은 이성의 영역이 아니라, 감정의 영역이다. 신체가 성장 하듯이 마음 역시 아이에서 어른으로 자란다. 이는 불변의 법칙

---

* 페르소나(persona)는 가면을 뜻하는 그리스어로, 개인이 사회적 요구들에 대한 반 응으로서 갖는 공적인 얼굴을 의미한다. 심리학자 칼 융(Carl Jung)은 집단 무의식의 한 원형으로 페르소나를 꼽았다. 남들에게 좋은 인상을 주거나 자신을 은폐하기 위해 사회 에서 정의한 역할을 수행하는 특성을 말한다.

이다. 아이에서 어른으로의 성장은 의식을 조절하는 힘이 강해진다는 뜻이다. 그래서 우리는 욱하고 화를 잘 내는 사람에게 어른답지 않다고 말한다. 감정이 충동성에 쉽게 휘둘리지 않는 사람을 두고 어른답다고 말한다.

그러나 어릴 때는 어린아이의 감정이 잘 드러나야 한다. 어릴 때부터 어른처럼 취급받거나 행동하면 안팎의 괴리감으로 인해 내면의 아이가 성장을 멈춘다. 아이는 아이답게 대우받아야 잘 자란다. 충분히 의존해야 충분히 독립될 수 있다. 내면의 아이가 자라지 못한 채 어른이 되면, 어느 순간 통제할 수 없는 충동에 휩싸이거나, 아이처럼 순진하거나 미약한 주체성으로 인해 의존적이거나, 타인을 고려하지 않는 자기중심적인 모습을 드러내게 된다.

자아를 성장시키기 위해서는 마음속에 있는 부정적인 감정을 있는 그대로 인식하고 받아들여야 한다. 슬픈 일이 있으면 슬퍼하고, 우울한 일이 생기면 우울해해야 한다. 빛이 강할수록 그림자는 짙어진다. 마음도 마찬가지다. 페르소나와 그림자는 공존한다. 긍정적으로 밝게만 살고 싶다는 생각은 그림자를 없애고 빛만 가지고 싶다는 것과 마찬가지다. 순수하고 밝은 순백의 마음만 갖고자 하는 것은 판타지다. 두 발로 세상에 서는 게 아니라 한 발로 서기 위해 애쓰는 절름발이 마음이라고 볼 수 있다. 부정적인 감정을 외면하면 자아는 성장하지 않는다. 심각할 경우, 정호처럼 어른이 되어서도 어린아이의 흑백 논리에 갇힌다.

복잡한 세상을 이해하려면 복합적 인간이 되어야 한다

감정은 분화해야 한다. '좋다, 싫다, 예쁘다, 행복하다, 무섭다, 두렵다, 화난다, 힘들다' 같은 단순한 감정만으로는 어른의 세상에서 살아가기 버겁다. 단순한 감정이 복합적인 감정으로 분화해야 복잡한 세상을 이해할 수 있다. 지금이라도 늦지 않았다. 자신의 감정을 있는 그대로 받아들이고, 그 안에서 '나'를 발견해야 한다. 그리고 나면 '좋다' 같은 단순한 감정도 행복해서 좋은 것인지 예뻐서 좋은 것인지 조금 더 다양하게 느껴진다. 이것이 바로 감정의 분화다. '행복해서 좋다' 같은 감정이 조금 더 세분되면서 마음결이 섬세해진다. 다양한 감정의 색깔과 농도를 인식하면서 감정은 점점 풍부해지고, 그만큼 세상을 대하는 태도에 힘이 실린다.

삶의 주인으로서 내가 선택 및 경험하고 피드백하면서 자신을 믿는 과정이 반복 순환되어야 한다. 어른이 된다는 것은 결국 스스로 선택하고 결정하며 책임진다는 의미다. 무거운 현실의 짐들을 짊어지고 주어진 현실에서 지혜를 깨닫는 과정이다.

가끔 어린아이로 돌아갈 수도 있지만 결국 순백의 판타지에서 깨어나 현실을 받아들이고 인정하는 것이 바로 어른이다. 전지전능함, 완벽주의, 이상적인 상태를 포기하는 것 또한 어른이 되는 과정이다. '바라는 대로 다 이루어질 것'이라는 막연한 희망을 버리는 과정이라고도 할 수 있다. 설사 실패하더라도 누군가 도와줄 거라는 의존성에서도 벗어나야 한다.

내가 원하는 대로 돌아가지 않는 세상에 슬퍼하고 좌절할 수도 있지만, 이를 받아들이고 털어낼 줄 알아야 한다. 그래야 꿈과 현실 사이의 평균대에서 균형을 잡고 앞으로 한 발짝 내디딜 수 있다. 통제되지 않던 감정들을 하나하나 살펴보며 이를 언어로 명명해 자신 안에 수용해 보자. 그러면 어느 순간 내가 누구인지, 내 감정이 어떤지, 내 마음이 어떤 상태인지 명료하게 깨닫게 된다.

'나다움'이란
무엇인가?

　　　　　누구보다 열심히 일해 성공한 경영인이 된 현식은 어느 날 문득 모든 게 허무하게 느껴져 갈피를 잡을 수 없었다. 그는 한숨을 쉬며 "이렇게 사는 게 무슨 의미가 있는지 모르겠습니다" 하고 말했다. 모두 다 뒤로한 채 산으로 들어가 버리고 싶을 정도인데, 가족은 물론이고 주변 누구도 그의 마음을 이해해 주지 않았다. 그런데 사실 현식도 자신이 왜 이러는지 알 수 없었다. 이유를 모르니 해결책을 찾을 수 없었고, 그래서 더 힘들었다.

　　현식은 마당발에 사람 잘 챙기기로 유명한 영업왕이다. 서글서글한 인상의 현식이지만, 대인 관계에서 갈등이 발생하면 겉으로는 아무렇지 않은 척하면서 속으로는 '내가 도대체 무슨 이야기를 하고 싶었던 거지?' 하고 자신에게 실망했다. 실적 때문에 인내했지만 믿었던 사람들에게 실망하며 깊은 상처를 받기도 했다. 문제는 쌓이고, 쌓인 환멸의 감정이 극심한 불면증으로 이어졌다는 것이다. 자려고 누우면 낮에 들었던 날카로운 말들이 현식의 머릿속을 헤집었다. 복잡한 생각이 꼬리에 꼬리를 물고 길어지는 통에 도통 잠을 잘 수 없었다. 밤의 자신과 낮의 자신이 전혀 다른 사람처럼 느껴졌다. 나답게 살고 싶은데 나답게 사는 게 어떤 건지 가늠조차 힘들어서, 현식의 삶은 휘청이고 있었다.

'정신'은 우리 내면에 엄연히 존재하는 주관적인 현실 세계다. 이 '주관적인 현실'은 객관적인 현실과 반드시 같지만은 않다. 그런데 그 차이가 심해지면 무력감과 불안감이 느껴지고, 심할 경우 집중력이 떨어지는 등의 여러 가지 심리적 문제를 유발한다. 정신적으로 성장하기 위해서는 객관적인 현실을 제대로 바라보고 살아가야 한다. '나'를 알기 위해서는 객관적인 외부 세계보다 외부 세계와 접촉한 후 내면에서 느껴지는 마음의 파동에 집중해야 한다.

〈동상이몽〉(SBS)이라는 예능 프로그램이 있다. 한 이불을 덮고 사는 부부가 같은 상황을 다르게 이해하고 갈등하다가 화해하는 과정이 한 편의 심리 상담기를 보는 듯해 흥미롭다. 사람들은 일반적으로 상대의 어떤 좋은 면을 보고 결혼 혹은 동거한다. 그러나 함께 생활하다 보면 생각했던 것과 사뭇 다른 상대의 모습을 발견하게 된다. 저마다 강도의 차이가 있지만, 그 괴리감에 실망과 좌절을 느낀다. 이를 두고 '콩깍지가 벗겨졌다'고 말하기도 한다. 특히 〈동상이몽〉 출연진 중 트로트 가수 박군과 방송인 한영 부부의 대화가 인상적이었다. 한영은 "남편이 특전사 출신이라 기대했는데 속은 것 같다"고 말했고, 박군은 "결혼을 했는데 아내 집으로 재입대한 느낌"이라고 말했다. 결혼 전후 남녀가 겪는 갈등 과정을 '군대'라는 단어로 함축해 드러낸 것이다.

이들 부부의 반응은 사실 지극히 일반적이라고 할 수 있다. 관계에서 오는 좌절 경험은 제대로 된 관계를 맺기 위해 누구나 겪어야 하는 통과 의례나 마찬가지다. 상대방에 대한 환상이 깨져야 상대방을 있는 그대로 존중하면서 부부의 현실을 제대로 살아갈 수 있다. 물론, 좌절의 강도가 세거나 좌절을 견뎌낼 힘이 약하면 관계 자체가 무너지기도 한다. 그러나 파도처럼 잔잔하게 몰려오는 작은 좌절들은 사랑을, 그리고 관계를 현실적이고 돈독하게 만든다. 환상이 깨지는 경험은 고통스럽지만 관계가 성장하기 위해서는 반드시 좌절이 있어야 한다. 좌절을 이겨내는 과정에서 상대방의 진짜 모습과 대면할 수 있고, 앞으로 부딪치게 될 더 큰 문제들을 해결할 힘이 생긴다.

대인 관계뿐만이 아니다. 우리는 모두 환상 속에서 살아간다. 특히나 자신에 대해서도 환상을 갖기 쉽다. 일례로 많은 사람이 어떤 일을 처음 접했을 때 숙련자처럼 잘해낼 거라고 기대하지만, 안타깝게도 그 기대가 충족되는 경우는 거의 없다. 대부분의 일이 마음대로 안 된다. 그러나 다른 사람들의 도움을 받으면서 기초를 쌓다 보면 미숙함은 점차 능숙함이 된다. 우리는 좌절을 겪으면서 다음 단계로 나아가고, 환상이 깨지면서 실제 '나'를 대면하게 된다. 인간 정신이 발달하는 단계를 한 줄로 요약하면, '판타지 속에 있다가 좌절을 겪으며 현실로 내려오는 과정'이라고 할 수 있다.

여자아이들은 두세 살쯤 되면 엄마의 립스틱을 몰래 바르고, 엄마의 구두를 신고 멋쟁이처럼 뽐내며 집 안을 돌아다니기도 한다. 조금 더 자라면 공주님 드레스를 입고 만화 영화 속 공주님처럼 무도회에서 춤을 추듯 빙글빙글 돌기도 한다. 남자아이들은 목에 보자기를 두른 채 소파나 침대 위에서 날 듯이 뛰어다닌다. 악당을 물리치는 영웅처럼 기다란 플라스틱 칼을 휘두르기도 한다. 아이들은 진지하다. 몸은 현실에 있지만 마음은 판타지에 가 있기 때문이다. 그래서 부모가 짓궂게 너는 공주가 아니라고 하거나 악당(주로 아빠)이 영웅을 힘으로 제압해 버리면 울고불고 사달이 난다.

좌절의 경험을 수차례 겪으면서 아이는 판타지에서 벗어나 현실에 안착한다. 아이의 머릿속에서 공주와 영웅은 사라지고 나라를 이끄는 대통령이 되겠다고 하거나, 아픈 사람을 치료하는 의사가 되고 싶다며 실현 가능한 꿈을 꾸게 된다. 조금 더 자라면 '난 운동이 좋아', '난 꾸미는 게 좋아', '난 피를 보는 게 무서워', '난 공부하는 게 싫어' 등 자신의 한계를 경험하면서 꿈이 현실적으로 다듬어진다. 이상적인 나와 현실의 내가 타협하면서 조율하는 과정이다.

치우치지 않는 균형 있는 삶의 중요성

유리는 어렸을 때부터 말과 행동이 부산스럽고 산만했다. 부모님은 아이라면 으레 그런 것이라며 대수롭지 않게 여겼다. 하지만 유리는 초등학교에 들어간 뒤에도 수업 시간에 제대로 앉아 있지 못하고 불안한 모습을 보였다. 그제야 문제를 인식한 부모님이 상담을 요청했고, 문제의 원인을 찾기 위해 아이의 환경을 하나씩 살펴보기로 했다. 그러다가 눈에 띄는 점을 발견했다. 바로 '공주'였다.

유리의 옷장은 소위 '공주 드레스'로 가득 차 있었다. 백설 공주, 오로라 공주, 자스민 공주, 인어 공주, 신데렐라, 엘사와 안나 공주 등 캐릭터별로 드레스가 가득했다. 가방부터 액세서리까지 모두 핑크색으로 맞추어야 직성이 풀렸다. 집에서도 이름 대신 '공주'라 불렸다. 그렇게 공주처럼 살던 아이는 '주관적인 현실'에서도 스스로를 공주라 여겼다. 또래 아이들은 자라면서 서서히 공주라는 판타지에서 벗어났는데, 유리는 여전히 공주 옷을 입고 공주 같은 발걸음으로 등교했다. 같은 반 친구들은 그런 유리와 어울리기를 꺼렸다. 학교를 다녀온 유리가 아이들이 자기와 놀아주지 않는다며 우는 날이 많아졌다.

다행히도 몇 번의 심리 치료와 상담을 거친 뒤 유리는 현실의 '나'와 마음속 '나'의 간극을 메우게 되었다. 공주 드레스를 포기하고 또래들과 비슷한 옷을 입기 시작하는 등 아이가 변하기 시작했다.

마음은 세상과 소통하면서 느끼고 받아들이는 모든 것의 집합소이자, '실체로서의 나'를 경험하는 곳이다. '공주'라는 판타지를 절대로 포기하지 않던 유리가 자신은 공주가 아님을 받아들이는 순간, 마음속 판타지는 약해지고 현실에 발을 딛게 되었다. 판타지를 포기한 덕분에 유리는 친구들과 문제없이 잘 지내고 학교의 질서에 잘 적응했다. 포기도 선택이다. 판타지를 포기함으로써 산만하고 불안정했던 아이는 현실의 나와 마음속 나의 간극을 메우고 안정을 찾을 수 있었다.

유년기에는 마음이 덜 자랐기 때문에 자신이 어떤 사람인지 정의하는 데 양육자 및 주변 사람들의 반응이 큰 영향을 미친다. 양육자가 강압적이면 아이들이 얌전하고 말 잘 듣는 모습으로 자라지만 진짜 자신의 모습은 알지 못한다. 양육자가 허용적이면 자신의 욕구를 마음 편하게 드러내면서 자연스레 팽창과 위축의 경험을 수용하면서 자란다. 그 과정에서 무엇을 좋아하고 싫어하는지 명확히 알게 된다. 단, 이 '허용'을 오인해서는 안 된다. 모든 것을 허용하라는 뜻이 아니다. 적절한 한계를 두고 적절히 허용해야 한다. 허용적인 양육자 아래서 아이는 자신의 욕구나 감정을 존중받는다고 느낀다.

자아 정체감ego-identity을 찾는 과정인 청소년기에는 또래와의 관계에 많은 영향을 받는다. 이 시기에 따돌림을 겪으면 외부 세계를 불안정하고 두렵게 인식해 자신을 드러내기 어려워진다. 외부로 표현하지 않았기에 자신이 어떤 감정을 느끼고 어떤 것을 좋아하고 어떤 것을 싫어하는지 인식하지 못한다. 이처럼 유년기와 청소년기에 부정적인 외부 자극에 지속적으로 노출되면 성인이 되어서도 외부 자극에 어떻게 반응해야 할지 모르는 상태가 된다. 즉, 자신의 입장이 없어진다.

"나는 원래 멘털이 약해"라고 말하는 사람들이 많다. 하지만 태어날 때부터 자아가 탄탄한 사람은 없다. 자아는 후천적으로 형성된다. 신체적인 돌봄이 있어도 심리적인 돌봄이 없으면 자아가 발달하기 어렵다. 돌봄의 질에 따라 자아의 힘이 형성된다. 심리적 돌봄을 받지 못할 경우 마음을 기댈 곳이 없어 불안에 빠지기 쉽다.

의존할 대상이 지나치게 무섭고 처벌적이면 아이는 꼼짝할 수 없다. 한마디로 '주는 대로 먹고, 입히는 대로 입고, 하라는 대로 하는' 수동적 상태가 된다. 징징거리며 울거나, 하지 않겠다고 고집 부리거나, 싫다고 거부하는 태도를 취했다가는 언어폭력에 시달리거나 심하면 잔뜩 얻어맞는다. 이런 양육 환경에서 표면적으로 아이는 부모가 원하는 대로 행동하는 순종적인 모습으로 자란다. 하지만 마음이 자랄 환경은 못 된다. 아이의 내면에 '나'는 없고 폭력적인 양육자만 존재하게 된다. 보호자에게 의존할 수밖에 없지만, 안전한 환경은 아니기에 아이의 심리적인 불안이 줄어들지 않는다. 그러므로 어른이 되어 독립해도 타인의 눈치를 보고 남들이 불편해할까 봐 지나치게 주의를 기울인다. '나'의 모습이 빈약해지고 '나다움'에 대한 갈피를 잡지 못하는 심리적 혼란이 야기되는 것이다.

즐겨보는 가족 유튜브 채널이 있다. 가수 장윤정과 아나운서 도경완의 딸인 하영이의 발달사가 고스란히 녹아 있는 채널 〈도장TV〉다. 미취학 아동인 하영이는 "내가 할게", "나 화났어", "나 삐졌어"라는 말을 서슴없이 한다. 하영이는 말할 때 주로 '나'라는 주어를 사용한다. 자신의 욕구를 드러내면서 외부의 반응이 어떨지 불안해하지 않는다. 남들의 눈치를 보지 않고 자신의 감정을 자유롭게 드러낸다. 외부에 대한 불안감이 적기 때문에 자신의 욕구에 충실할 수 있는 것이다. 어리지만 참 단단해 보인다. 자아의 크기가 클수록 중심이 흔들리지 않으니 단단해 보이는 것이다.

하영이가 이렇게 자란 배경에는 아이의 존재를 있는 그대로 수용해 주는 가족이 있다. 그러니 두려울 게 없다. 눈치 볼 것도 없고, 무서울 것도 없고, 불안하지도 않다. "내가 할게, 내가"라며 경험한 적 없는 불확실한 세계에 용기 있게 도전할 뱃심과 뒷심이 있다. 자아가 성장하기 위해서는 남들이 좋다는 대로 따라가기보다 나의 욕구와 느낌을 제대로 알고 표현하는 게 중요하다.

그렇다고 무작정 자기 욕구를 인정해 달라고 외치면 될까? 그러면 안 된다. '나다움'을 찾아가는 길목에 중요한 질문이 하나 있다. 바로 '타인과의 심리적 경계가 있는가?'이다. 타인의 생각에 쉽게 영향받고 동의한다면 그건 내면에 심리적 경계가 없다는 의미다. 심리적 경계란 '나'의 마음을 기준으로 외부의 영역을 판단하는 것인데, 여기서 기준이 '나'에게 있어야 한다는 점이 중요하다. 남과 구분되는 자신의 주관적인 느낌이나 생각이 있어야 한다. 아직 심리적 경계가 만들어지지 않은 아이의 말투를 예로 들어보자. 아이들은 말할 때 주로 어떤 주어를 쓸까? '엄마가 신발 사줬어', '친구가 장난감으로 때렸어', '선생님한테 칭찬받았어'처럼 타인을 중심으로 말한다. 자신과 타인의 구분이 선명하지 않아 '내가 ○○했어'라고 말하는 경우는 드물다. 이 시기에는 '나'라는 주체가 덜 형성되었기에 주체로서의 관점이 적은 게 당연하다.

나는 남매를 키웠다. 두 아이는 자라면서 참 많이도 싸웠다. 오죽하면 "너희 둘은 지나가면서 눈도 마주치지 마라"라고 말할 정도였다. 사춘기 무렵에는 정말 눈만 마주치면 싸웠다. 그렇게 싸우면서도 매번 서로의 탓만 했다. 특히 작은애는 싸움이 날 때마다 꺼이꺼이 울면서 억울해했다. 두 아이를 앉혀놓고 자초지종을 들어보고 아무리 설명해도 상대방을 탓하기만 할 뿐, 서로를 이해하지 못했다.

사춘기 때까지는 자기중심적인 상태라 상대방의 관점을 이해하지 못한다. 자기가 상대방에게 한 행동은 생각하지 못하고 상대방에게 당한 일만 떠올린다. 이럴 때는 각자 따로따로 이야기를 들어주어야 한다. 심리 상담 전문가인 나조차도 내 자식 이야기를 듣는 게 어렵기만 하다. 청소년기 자녀를 키우려면 정말 많은 인내심이 필요하다. 납득이 안 될 만큼 자기중심적인 이야기일지라도 억울함이 잦아들 때까지 들어주는 것 외에는 별다른 방법이 없다. '나'와 '너'가 분별되어야 상대방을 이해할 수 있고 공감할 수 있기 때문이다. 내 중심이 서야 타인의 입장이 보이고 심리적 경계가 생긴다.

상담할 때 내담자들에게 "그때 당신은 어떤 말을 듣고 싶었나요?"라는 질문을 자주 건넨다. 이 한마디에 내담자들은 눈물을 보이며 대답한다. "위로받고 싶었어요. 조언이나 충고 말고 그냥 제 이야기를 들어주길 바랐어요." 객관적인 평가나 조언을 바라기보다는 좌절된 마음을 표현하고, 위로와 공감을 받고 싶은 것이다. 지속적인 가정 폭력에 시달려 온 한 내담자는 "사업이 망해서 스트레스가 심했기 때문에 때렸을 것"이라며 오히려 부모를 두둔하고 이해하려 했다. 정작 가정 폭력의 심리적 후유증으로 우울증을 겪은 자신의 내면은 들여다보지 못했다(물론 가정 폭력 자체가 실질적인 원인이다). 이 글을 읽고 있는 당신이 평소 억울함을 많이 느낀다면, '혹시 내 마음이 아직 어린 것은 아닐까?' 자문해 보기 바란다.

그렇다면 타인에게 잘 공감하는 수용적인 태도가 좋은 것일까? 착하고 순종적인 태도는 남들에게는 좋을지 모르지만 자신

의 성장에 있어서는 큰 손해다. 한 내담자는 어려서부터 착하다
는 이야기를 들으며 자랐는데, 어느 순간 자신에게 건네진 '착하
다'라는 말이 '바보 같다'와 같은 의미라는 것을 깨닫게 되었다.
그에게 건네진 '착하다'라는 말은 타인의 욕구에 맞춰 살았다는
이야기였다. 실제로 상담을 진행하면서 상처가 깊은 내담자들의
말을 주의 깊게 살펴보면 본인의 어려움을 호소하면서도 '나'라
는 주어를 사용하지 않는 경우가 많다.

① 남들이 저한테 ○○해서 괴로워요.
② 남들이 저한테 ○○하는데 그게 저를 무시하는 것 같아
서 괴로워요.

이 두 가지를 비교해 보자. ①은 자신의 괴로움을 호소하는
내용으로, 타인이 자신에게 어떻게 했다는 말이 중심이다. ②는
자신이 겪은 괴로움의 이유를 정확하게 호소한다. 자신의 이야
기를 하면서 나와 남의 입장을 구분하는 감정이 담겨 있다. 자아
발달에 있어서 심리적 독립으로 가는 과정은 '이것(this)'과 '저것
(that)'을 구별하며 자신의 입장이 선명해지는 과정이라고 할 수
있다.
생후 6개월경 아이들은 낯을 가리는데, 이는 익숙한 사람과

낯선 사람을 구분하는 과정이다. 이것과 저것을 구별할 줄 아는 원초적인 자아감이 만들어지기 시작하는 것이다. 유아기의 의존 상태에서 성인의 심리적 독립을 이루기까지는 상당한 시간이 필요하다. 청소년기까지도 온전한 자신의 입장과 태도를 가지기는 어렵다. 유혹에 쉽게 흔들리고 빈번하게 실수를 하면서 자아는 성장한다. 주변과 함께 자신을 만들어 가는 과정이기에 당연히 외부의 영향을 크게 받는다. 그런데 성인이 되어서도 외부의 자극에 지나치게 자주 휘둘린다면 자신의 내면을 한번 되돌아보기 바란다. 심리 상담을 받으러 온 한 내담자가 이렇게 말했다. "지하철을 타면 사람들이 다 저만 쳐다보는 것 같아서 정신을 차릴 수 없어요." 이 역시 내부와 외부의 경계가 모호해서 정신이 침범 당한 경우다.

객관적 상황을 설명하는 것보다는 자신이 느끼고 경험한 바를 드러내는 게 중요하다. '엄마가 힘든 상황이기는 했으나 내가 기댈 곳이 없었다' 같은 언어적 표현을 하면 자존감이 싹트기 시작한다. 어린 시절의 힘들고 외로웠던 마음을 지금이라도 알아주어야 한다. 전폭적인 지지를 받을 수 없는 환경에 놓여 있더라도 외부와의 구분을 통해 심리적 경계를 세우고 이를 언어적으로 표현해야 한다. 그것이 심리적 독립을 향해 나아가는 나다움의 길이다.

사소한 게
나입니다

　전 세계 인구는 약 80억 명, 우리나라 인구는 5,100만 명이다. 신기한 건 그 많은 사람들 중 나와 똑같은 이가 단 하나도 없다는 사실이다. 정신은 태어나면서 어디선가 툭 떨어지는 게 아니라 후천적으로 만들어진다. "저는 원래 그렇게 태어난 것 같아요", "절대로 바뀔 수 없을 거예요"라고 말하는 이들도 있다. 그들은 깊은 우울감에 빠진 채 미래에 대한 희망을 가질 수 없다고 생각한다. 과거뿐 아니라 현재와 미래, 자신뿐 아니라 주변 모두를 비관적으로 바라보는 것이 우울의 주요 특징이다. 그러나 조금만 심리적 안정을 찾으면 "변화하고 싶어요", "잘 살고 싶어요"라는 의지를 드러내는 것이 우리 인간이다.

이런 의지의 표현은 우울에서 벗어나고 있다는 증거이기도 하다.

인간은 두 번 태어난다. 한 번은 신체로, 다른 한 번은 정신으로. 두 번 다 건강하게 잘 태어나 잘 자라야 한다. 우리 몸은 음식물을 섭취하면서 뼈가 성장하고 대근육에서 소근육으로 분화 발전하며 자란다. 정신도 마찬가지다. '태어나니 내가 있었다'가 아니다. 정신이 타고나는 것이 아니라 기질과 환경에 따라 저마다 다르게 발달하는 것이다. 기질이 동일해도 어떤 환경을 경험하느냐에 따라 형성되는 자아의 모습이 달라진다. 같은 부모, 비슷한 환경에서 성장한 일란성 쌍둥이조차 저마다 생각과 감정, 태도와 입장이 다르다. 겉모습이 같더라도 다른 사람인 것이다. 자신에게 주어진 환경을 어떻게 받아들이고 이해하느냐에 따라 '나'라는 정신은 달라진다.

인간은 누군가의 절대적인 도움 없이는 생명을 유지할 수 없는 상태로 태어난다. 주양육자의 보살핌으로 성장하기 때문에 개인의 기질적 특성도 중요하지만, 주양육자인 부모에게 어떤 환경을 제공받는가에 따라 성격이 달라진다. 모든 어린 생명체들은 본능적으로 주변의 도움을 유도하는 자기 보호 기제를 가지고 있다. 보들보들하고 동글동글한 느낌으로 주변의 관심을 이끄는 것 또한 미약한 동물에게 내재되어 있는 생존 도구다. 특히 인간은 신체적, 심리적으로 독립하기까지 그 어떤 동물보다 오랜 시간의 돌봄을 필요로 한다. 스스로 밥을 먹고 옷을 입고 학교에 가기까지 최소 6~7년의 시간이 소요된다. 여기에 자아 정체감이 형성되는 사춘기까지 합하면 12~15년이나 되는 긴 돌봄 기간이 필요하다. 이렇게 긴 시간 동안 의존 상태인 만큼 자아가 발달하는 과정에 주변의 영향을 많이 받는다. 즉, 정서적인 돌봄의 질이 매우 중요하다.

환경에 수동적으로 반응하는 것 같지만 말하지 못하는 영아들도 사실 의사 표현을 한다. 배고프면 울고, 배가 부르면 입을 꼭 다물고 뱉어낸다. 놀아주면 웃고, 응가를 하면 울면서 치워 달라는 의사 표현을 한다. 언어로 표현하지 못하니 몸으로 표현하는 것이다.

세 살쯤 되면 "내가 할게"라는 말을 많이 쓰기 시작한다. "내가, 내가"를 외치며 숟가락을 잡아든다. 주변에 밥을 다 흘리면서도 스스로 숟가락질을 했다는 사실만으로도 자신을 자랑스러워한다. 이는 심리적 독립을 위한 마음을 하나씩 만들어 가는 행동이다. 외출하려고 옷을 고를 때도 부모가 준 대로 입지 않고 스스로 입을 옷을 찾아낸다. 좋아하는 장난감도 가방에 챙겨 넣고 집을 나선다. 그러다 보니 시간이 한참 걸린다. 바쁜 엄마의 입장은 아랑곳하지 않는다. 사소해 보이지만 이 행동이 아이에게는 아주 중요하다. 아이는 자신이 선택한 옷을 입고 좋아하는 물건을 잔뜩 넣은 가방을 멘 채 의기양양하게 집을 나선다. 엄마의 피드백이 필요한 시점이다. 대부분의 부모는 "멋지네", "대단하네" 같은 찬사를 보낸다. 부모의 허용적인 피드백 덕분에 아이들은 자기 선택의 결과를 긍정적으로 경험한다.

이 시기 부모는 자신의 아이가 천재처럼 느껴지고 가장 예쁘고 멋지게 보인다. 내 경우도 예외는 아니었다. 첫아이가 두 살이 되었을 무렵, '예쁜 아이 콘테스트'에 사진을 보낸 적이 있다. 내 눈에는 너무 예뻐 보여서 100퍼센트 선정될 것이라고 생각했다. 결과는 낙방이었다. 그날 저녁 남편에게 "이렇게 예쁜 아기를 놓친 건 완전히 주최 측의 손해"라고 말도 안 되는 소리를 하며 투덜거렸다. 누군가 들었으면 코웃음을 칠 일이었다.

부모라면 누구나 내 아이가 최고인 것 같은 부모로서의 팽창된 감정을 경험한다. 판타지에 빠져 있는 것이다. 그런데 아이와 엄마는 한 몸이기에 엄마의 팽창은 곧 아이의 팽창으로 연결된다. 엄마의 모습을 보며 아이도 자신이 대단한 사람이고 최고라는 판타지를 가지게 된다. 그 결과, 빵빵하게 힘이 들어간 팽창된 자아가 형성된다. 아빠에게 "술 먹지 말고 일찍 들어와"라는 엄마가 할 법한 잔소리를 서슴없이 내뱉기도 한다. 사실 팽창된 내용을 보면 별것 아닌 작고 소소한 것들이다. 아이들은 부모님 앞이나 친척들 모임, 유치원 등에서 멋지고 잘난 '팽창된 나'를 경

험하면서 자라난다. 물론 부족하고 실수하는 '좌절된 나'를 경험
하기도 한다. '팽창된 나'와 '좌절된 나'를 반복하며 아이는 성장
한다. '팽창된 나'는 호기심을 가지고 세상에 호기롭게 나아가게
한다. '좌절된 나'의 경험도 좌절 속에서 한계를 받아들이게 하므
로 나쁜 게 아니다. 또한 이를 통해 좌절을 겪어도 별일 일어나지
않는다는 안전감을 경험하게 된다. 충분히 다시 일어설 수 있다
는 사실을 인식하고 불안에 떨 일이 아님을 깨달으며 좌절 속에
서도 과잉 위축되지 않는 '나'를 경험한다. 여기서 말하는 경험이
란, 감정을 느끼는 것을 말한다.

사소하지만 사소하지 않은 감정의 중요성

감정을 느끼는 것은 자연스러운 일이다. 기본적인 감정인 희
로애락부터 사랑, 증오, 욕망, 원망, 질투, 권태, 그리움, 실망, 절
망 등 긍정적인 감정이나 부정적인 감정 모두 다 정상이다. 그런
데 심리적 문제는 긍정적인 감정보다는 부정적인 감정과 연결되
어 있는 경우가 많다. 여기서 잠깐. 부정적인 감정이 문제라거나
부정적인 감정을 느끼는 게 잘못되었다고 말하려는 게 아니다.
다만 긍정적인 감정은 느끼고 표현하는 데 허용적인 반면, 부정

적인 감정은 느끼는 것도 표현하는 것도 위험하다며 억압하는 경우가 많음을 지적하려는 것이다.

실제로 우리는 부정적인 감정이 생겨나면 '앗, 위험해'라고 반응하며 긍정적인 감정으로 전환하려고 애쓴다. 부정적인 감정을 느끼지 않기 위해 나의 감정은 뒤로한 채 상대방의 입장부터 이해하려 들기도 한다. 속상해도 아무렇지 않은 척하고 실제로는 전혀 쿨하지 않으면서 쿨한 척하는 소위 말하는 '쿨병(cool病)'도 이런 모습의 연장선일 뿐이다. 상처를 받았는데도 찌질해 보일까 봐, 예민해 보일까 봐 애써 억누른다. 그런데 사람이 소심하고 사사로운 게 잘못일까?

트라우마trauma*를 제외한 대부분의 심리적 상처는 드러내지 못한 사소한 감정들이 쌓여 만들어진다. 마음이 힘든 이유는 모두 입장이 주관적이기 때문이다. 상대방에게 해야 할 이야기를 제대로 하지 못하면 그 말이 머릿속에서 계속 뱅글뱅글 돌아다닌다. 자려고 누웠다가 떠오르는 생각에 이불 킥을 하는 것도 다 억압된 마음의 조각들이 돌아다니고 있기 때문이다. 마음속에 쌓인 조각들 때문에 힘들어하다가 상담실을 찾아온 내담자들에게 자

---

* 　트라우마(trauma)는 과거 경험했던 위기나 공포 상황과 비슷한 일이 발생했을 때 당시의 감정을 다시 겪는 증상을 말한다.

신의 감정을 솔직하게 말하지 못한 이유를 물어보면 너무 제멋대로인 사람처럼 보일까 봐, 감정적이라는 오해를 받을까 봐, 너무 부정적인 사람으로 보일까 봐, 애처럼 너무 자기중심적으로 행동하는 것 같아서 등 다양한 이유를 댄다. 대범하다기보다는 사소해 보이는 게 사실이다. 그런 말을 들으면 나는 이렇게 답한다. "원래 인간은 사소하고 별것 아닌 일에 감정이 상해요." 중요한 일들은 객관적이고 합리적인 기준으로 시시비비를 가릴 수 있다. 그런데 우리 삶은 크고 중요한 일들이 아니라 매일 일어나는 작고 사소한 사건들이 모여 이루어진다. 그 과정에서 입장이 쌓이고 쌓여 나의 감정, 마음이 만들어진다.

마음 알기를 사진 촬영에 비교해 보자. 우리가 사진 찍으려는 실체는 명료하게 존재하는 현실이다. 그 실체가 나에게 제대로 인식되어야만 어떻게 촬영할지 판단할 수 있다. 그러기 위해서는 먼저 카메라 렌즈의 초점을 잘 맞추어야 한다. 초점이 안 맞으면 실체가 뿌옇게 보이고 경계의 구분이 모호해져 선명한 사진을 찍을 수 없다. 실체를 선명하게 인식하려면 초점이 잘 맞는 렌즈가 필요하다. 마음도 마찬가지다. 세상을 제대로 선명하게 인식하려면 마음의 초점을 제대로 맞추어야 한다. 세상은 누구에게나 모호하다. 모호하고 불확실한 세상을 경험하면서 자신의 감정을 상대방과 나누고 확인하는 과정이 필요하다. 혼자 생각하고 판단해 행동하면 혼자만의 틀에 갇혀 자아가 건강히 자랄 수 없다. 작고 사소한 불편함이라고 해서 외면하거나 모른 체하고 지나치면 안 된다. 사소한 감정들을 억압하고 참으면 자아는 점차 작아지다 결국 사라지고 만다.

수동적인 삶의 태도가 자아를 빈약하게 만든다

윤경은 언제부턴가 사람들을 만나면 당황해서 아무 말도 하지 못하게 되었다. 왜 이렇게까지 자신감이 없어졌는지 본인도 의문이었다. 윤경은 문제없이 반듯하게 자란 청년이고, 성장 과정에서도 큰 어려움이 없었다. 원래 말수가 적은 편이라 집에서도 조용한 편이고 친구들 사이에서도 주로 듣는 위치였지만, 굳이 자신의 의견을 내세우지 않아도 큰 문제가 없었다.

몇 차례 상담을 통해 윤경의 특성을 발견할 수 있었다. 윤경은 매번 힘들다고 이야기했지만, 자세히 말해보라고 하면 기억나지 않는다고 했다. 어떤 마음이었는지 물으면 구체적으로 이야기하지 않고 벗어나고 싶다는 말만 반복했다. 스무고개 식으로 하나하나 질문해야만 아주 조금씩 속내를 드러냈다. 자발적으로 살아왔다는 느낌이 들지 않았다. 그저 주어진 대로 행동하고 남들을 따라 하는 수동적인 삶이 바로 윤경의 삶이었다. 자신의 문제에 대해 스스로 고민하고 자신만의 입장을 바탕으로 주체적으로 선택하는 과정이 생략되어 있었다. 살아가는 과정 속에서 선택하지 않으니 자아는 약해질 수밖에 없었고, 사람들을 만나도 할 수 있는 말이 없었다.

대화를 할 때 윤경은 필요하다고 생각되는 말만 했다. 부가적인 말은 쓸모없다고 여겼다. 그의 태도에는 어떤 문제점이 있을까? 일례로, 그는 친한 친구에게 회사 다니는 게 너무 힘들다고 여러 번 말했지만 제대로 공감해 주지 않는다며 불만을 토로했다. 친구가 무신경한 걸까? 그럴 수도 있다. 그러나 무엇이 힘들고 무엇에 좌절했는지 구체적으로 이야기하지 않고 무작정 힘들다는 이야기만 반복한 게 문제일 수도 있다. 그러니 친구도 "힘들겠다"는 말만 반복할 뿐, 제대로 공감하기 어려웠을 것이다.

상담을 받으면서도 윤경은 자신의 이야기를 하는 것을 너무 어색해했다. 사실 상담 초기에는 자신이 피상적인 대화를 이어갈 뿐, 구체적인 이야기를 못한다는 사실 자체를 인지하지 못했다. 다행히 윤경은 거듭된 상담을 통해 자신의 상태를 이해하게 되었다. 그리고 어떤 상황에서 좌절감을 느끼고, 어떤 마음이 들때 힘든지 구체적으로 표현하지 않았던 이유 중 하나가 자존심이 상해서라는 사실을 깨닫게 되었다. 윤경에게는 사소한 갈등과 어려움에 처할 때마다 하나부터 열까지 캐물어 해결해 주는 아빠가 있었다. 스스로 문제 상황을 풀어나갈 이유가 없었던 것이다.

자아는 별것 아닌 작은 감정의 조각들이 모여서 만들어진다. '공부를 잘해서', '착해서', '모범생이라서' 같은 조건이 붙을 때만 받을 수 있는 관심이라면 그 조건에 해당될 때만 자존감이 높아진다. 성적이 좋을 때만 인정받고 성적이 조금만 떨어져도 혼이 난다면 공부를 못하는 자신은 무가치하다고 여길 수 있다. 외부적 성취가 좋든 나쁘든 '나'라는 존재에 대한 평가가 크게 변하지 않아야 진짜 '나'라고 할 수 있다. 조건이 충족되지 못하면 흔적도 없이 사라지는 자존감은 건강하지 않다. 친구들과 노느라 학원에 빠지거나, 웹툰을 보느라 하루를 다 쓰기라도 하면 자신감이 떨어지고 자신의 행동을 숨기고 싶어지는 것도 같은 맥락이다. 이렇듯 무조건적 사랑이 아닌 조건적 사랑으로 채워진 자존감은 물거품 같다.

많은 사람이 혼자 있을 때 비로소 자신을 되돌아보고 진정한 마음을 깨닫곤 한다. 찝찝하게 느껴졌던 사소한 것들부터 이것저것 중요한 것들까지 묻어두었던 마음들이 수면 위로 올라온다. '그때 못 하겠다고 말했어야 했는데', '제대로 말했어야 했는데', '시켜도 안 할 수 있었는데' 등 별것 아니지만 마음에 걸려 있던 조각들이 뒤늦게 움직이기 시작한다. 남들에게 별것 아닌 일들이 나에게는 중요할 수도 있다. 그 사소하지만 찜찜한 것들이 앙금처럼 남아 해결되지 않은 상태로 내 에너지를 묶어둔다. 차마 입 밖으로 꺼내지 못했던 것들이 하나둘 쌓이면서 '나'는 한없이 작아진다. 그것이 바로 잃어버린 나의 조각들이고 복원해야 할 자아의 일부다. 그러니 부정적인 감정을 애써 억누르려고 해서는 안 된다.

'NO'를 통해
자아가 만들어진다

이별 통보를 받은 뒤 몇 달간 세희는 정말 힘들었다. 세희가 사랑했던 남자는 첫인상이 별로였다. 하지만 자신을 정말 좋아한다며 적극적으로 다가오는 그를 도저히 밀어낼 수 없었다. 한두 번 만나보니 서서히 마음이 열리기도 했다. 그러기를 한 달. 갑작스레 헤어지자는 통보를 받았다. 처음에는 당황스러웠다. 매달려도 보고 화도 냈다. 무리한 부탁에도 거절은커녕 싫은 소리 한마디 못 하는 세희가 착해서 좋다더니, 이제는 하자는 대로 끌려다니는 모습에 질렸다고 이별을 통보한다.

사실 세희는 어려서부터 '착한 아이'라는 말을 들으며 자랐다. 친구가 장난감을 뺏어도, 동생이 제 몫의 간식을 달라고 해도 순순히 양보하는 세희를 어른들은 "착한 아이"라고 칭찬했다. 그렇게 세희는 착한 아이에서 착한 어른으로 성장했다. 이제껏 '착하게만' 살아온 세희에게는 갑작스러운 이별도, 이별의 이유도 이해할 수 없어 혼란스러웠다.

당신은 유아기부터 청소년기까지의 일들을 잘 기억하는가? 아마도 몇몇 장면이 사진처럼 떠오를 것이다. 그 시절을 되돌아보면, 어렸을 때 살던 집의 마루에 앉아서 보던 마당의 모습들, 부엌에서 음식을 하는 엄마 옆에 쪼그리고 앉아 있었던 기억이 난다. 왜 어렸을 때의 기억은 이야기가 아닌 장면으로 드문드문 남아 있는 걸까? 그 이유는 '나'라는 기억하는 주체가 똑바로 자리 잡기 전이기 때문이다.

유아기에서 청소년기 이전까지는 자아 정체감이 형성되지 않은 시기다. 예를 들어, 사춘기가 시작되기 전인 초등학교 고학년 이전에는 친구들과 어울리지 못해도 또래에게 소외되었다는 상처가 별로 남지 않는다. 친구들과 함께 놀고 싶어 울기는 해도 왕따를 당했다는 소외감은 적다. 왕따를 당했다며 힘들어하는 것은 대개 자아 정체감이 형성되는 초등학교 4~5학년 때부터다. '나'라는 정체감이 형성되는 사춘기 시절은 기억하는 주체가 있기 때문에 어렸을 때보다 많은 기억들로 채워진다.

자아 발달에 있어 중요한 시기는 크게 두 가지를 꼽을 수 있다. 한 번은 '미운 3~4살'이라 불리는 시기이고, 또 한 번은 반항하는 청소년기다. 이 두 시기의 공통점은 기존 질서를 거부하고 자기 자신의 목소리를 낸다는 것이다. "싫어", "안 해", "왜?"가 이 시기의 기본적인 반응이다. 3~4살 때는 엄마와 아빠의 손길을 거부한다. 사춘기가 되면 부모를 포함한 기성세대의 권위, 사회 질서, 기존 가치관이나 개념에 "NO"를 외치며 선을 긋고, 경계를 세운다. 차이가 있다면 3~4살 때는 안전한 부모를 믿으며 배짱 좋게 거부하고, 청소년기에는 또래와의 유대감을 바탕으로 기성세대에게 반감을 드러낸다는 것이다. 둘 다 믿을 만한 구석이 있기에 하는 행동임과 동시에 마음의 심지가 만들어지는 과정이다.

발달 과학자 데버라 맥나마라Deborah MacNamara는 "유아에게는 반의지의 본능이 있다"고 했다. '반의지'는 통제받거나 남에게 무언가 강요당한다고 느낄 때 발동한다. 만 2세가 되면 주변 사람들의 욕구와 소망을 눈치채고 저항으로 대응한다. 이는 아이 자신의 반의지 본능에 따른 행동이지만, 저항하는 아이의 모습이 부모를 화나게 만들기도 한다. 그런데 어른들을 성가시게 만드는 아이들의 "싫어"는 사실 기념할 만한 발달상의 본능적인 태도다.

이런 행동은 독립된 인간으로 성장하는 데 있어 매우 중요한 역할을 한다.

반항이 있어야 주관이 만들어지고 자율성이 자란다. 'NO'는 나다움을 일구어 가는 시작점이다. "아니, 그것 말고 이거 입을 거야", "그거 안 먹어. 이거 먹을래" 같은 아이의 말은 그래서 중요하다. 자아는 기존 질서에 반항하는 중심 주체가 등장하면서 형성되기 시작한다. 'NO'라는 말은 외부 세계와 나 사이에 차이가 있고 다름을 표현하는 것이다. 쉽게 말해, 주변과 나를 구분하는 심리적 경계를 만들어 독립할 수 있게 해준다. 외부 환경에 휘둘리지 않기 위해서는 자신의 입장이 명확해야 한다. 그런 의미에서 거절은 나를 지켜내는 하나의 방편이다. 어른이 되고 나서도 거절하기를 어려워한다면 자신의 중심에 나보다 타인의 비중이 높기 때문이다. 반항과 거부는 그래서 중요하다.

외부와 내부의 경계를 만들어 자신을 지키다

내면의 힘이 약한 사람들 중에 지하철이나 버스를 타면 모두 자신을 쳐다보는 것 같아 힘들어하는 경우가 있다. 심하면 정신이 아득해지고 숨 쉬기 힘들어지는 공황 발작이 유발되기도 한다. 사람들로 가득 찬 번화가를 걸어가면 주위에 기를 빼앗기는 것 같아서 지친다. 집에 오면 전쟁을 치른 사람처럼 기절하듯 쓰러지기를 반복한다. 마음의 중심 주체가 약하다 보니 원하는 목적지까지 똑바로 걸어가는 것조차 힘들어진다. 외부와 내부(자신) 사이의 심리적 경계가 명료하지 않을 때 이런 현상이 나타난다. 자아에 중심이 서야 심리적 경계가 만들어지고 외부의 영향을 덜 받는다. 이런 어려움을 호소하는 이들은 성장하면서 자신의 입장을 제대로 표현해 본 적이 없거나, 타인으로부터 공감과 이해를 받은 경험이 적은 경우가 많다. 타인에게 거절의 의사를 밝히기는 당연히 어려울 수밖에 없다.

"NO"라는 말은 외부 대상과 나 사이에 심리적 거리를 만들어 준다. 부모나 연인에게 지나치게 의존하다 보면 심리적 거리를 조절하기 어렵다. 사랑해서 관여한다고 말하지만 고유의 영역을 심각하게 침범하고 간섭하는 것은 결국 당신이 홀로 설 수 있는 힘을 없앨 뿐이다. 타인과 정신적으로 공유하는 교집합이 클수록 독립의 길에 들어서기 힘들어진다. "NO"라는 말은 내가 어떤 사람인지 알 수 있도록 도와준다.

자아가 약한 사람들의 특징이 또 있다. 심리적 경계(너와 나의 거리)가 약하다 보니 공감해야 할 순간에 상대방의 마음과 혼연일체되어 버리기 쉽다. 상대방의 힘든 이야기를 듣다 보면 자신의 마음이 너무 힘들어져서 그 사람을 멀리하게 된다고 말하는 경우도 있다. 이는 공감이 아니다. 자아가 약한 이들은 타인의 감정에 완전히 몰입되면 두려움에 상대방을 외면하거나 멀리 도망가 버리기 일쑤다. 다른 사람의 이야기라는 것을 알지만 적절한 심리적 경계가 없기 때문에 당사자와 똑같이 가슴이 아프다. 힘들어하는 상대의 마음에 공감하면서도 자신을 잃지 않아야 건강한 자아 상태를 유지할 수 있다. 마음에 거리가 있어야 대상의 전체적인 모습이 보인다. 지나치게 밀착되어 있으면 부분만 보여서 왜곡이 일어날 수 있다.

다른 사람의 기대에 부응하기 위해, 좋은 사람이라는 이미지에 상처를 입을까 봐, 집단에서 소외당할까 봐, 불이익을 겪을까 봐 등의 다양한 이유로 우리는 "NO"라고 말하는 것을 어려워한다. 그러나 계속해서 자신의 마음을 억누르고 주위에 순응하는 삶을 살다 보면 어느 순간 내면에 감추어 두었던 부정적인 감정이 터지는 순간이 오고 만다.

"NO"라고 말하기 위해서는 연습이 필요하다. 먼저 자신에게 무엇이 중요한지 제대로 알아야 한다. 자신의 내면을 들여다보고 무엇을 바라는지 명확히 알아야 한다. 상대방의 요구에 반드시 "YES"나 "NO"라고 답하지 않아도 된다. 꼭 빠르게 의사를 결정할 필요도 없다. 상황에 따라 대답을 미루거나 조건을 걸 수도 있고, 완곡하게 거절할 수도 있다. 다양한 거절의 기술을 익히고 작은 것부터 거절하는 연습을 해보자. 자신에게 맞는 거절법을 찾아가는 것이다. 거절 연습을 통해 조금씩 거절할 용기가 생기고, 그러다 보면 어느 순간 "NO"라고 말하는 것을 더 이상 두려워하지 않게 될 것이다.

지금이라도
어른이 되는 연습을
해야 한다

미국의 정신분석학자 하인즈 코헛 Heinz Kohut은 자기심리학self psychology을 창시했다. 자기심리학에 따르면 자기애는 인간 심리의 기본으로, 인간의 성장 발달에 꼭 필요하다. 유아기에는 전능적인 수준의 충만한 자기애를 가져야 한다. 이는 자기가 세상에서 최고인 줄 아는 천하무적 상태를 의미한다. 마음의 성장은 유아적 자기애가 성인의 자기애로 발달하는 과정이라고 할 수 있다. 전능감(자신을 전능하다고 여기는 것) 상태였던 유아들은 현실에서 크고 작은 좌절들을 경험하면서 점점 위축되고 현실적으로 사회화한다. 가슴 아픈 일이지만, 좌절을 겪으면서 현실에 적응하는 것이다. 아이들은 자라면서 자신이 공주나 왕자가 아님을, 세상에서 가장 뛰어난 사람이 아님을 깨닫게 된다. 나만 공주인 줄 알았는데 주변에 나 같은 아이들이 많다는 사실을 마주한다.

재희는 동료 직원에게 서운했다. 최근 신혼여행을 갔다 온 동료가 웃으며 선물 상자를 건넸다. 많은 직원들 중 자신만 특별하게 대접하며 챙겨주는 것 같아 고맙고 내적 친밀감을 느꼈다. 그런데 며칠 뒤 다른 직원들도 자신과 똑같은 선물을 받았음을 알게 되었다. 순간 울컥 화가 치밀었고 나아가 배신감까지 느꼈다.

재희는 남들이 특별 대우해 줄 때만 자신의 존재 가치를 인정받는다고 느꼈다. 평범하게 취급하면 무가치한 사람이 된 듯 기분이 가라앉았다. 이런 점 때문에 대인 관계에 많은 문제를 겪었는데도 비슷한 상황에 처할 때마다 서운한 마음을 추스르기 힘들었다.

심리적으로 볼 때, 재희는 전형적인 공주님 상태다. 분명히 현실에서 좌절을 겪었을 텐데 여전히 내면에서 좌절을 받아들이지 않는다. 재희가 이런 상실감을 처음 느낀 것은 동생이 태어났을 때였다. "우리 공주님" 하며 귀여워해 주던 부모님은 물론이고 친척들까지 동생에게 시선이 쏠렸다. 그때의 상실감이란 이루

말할 수 없을 정도였다. 드높은 권좌에서 추락한 듯 재희는 엄청난 좌절감을 느꼈지만 그 누구도 다독여 주지 않았다. 오로지 '누나답게', '학생답게', '의젓하게'만을 어린 재희에게 요구했다.

재희는 하루아침에 공주에서 평민으로 추락한 삶에 도저히 적응할 수 없었다. 공주로 특별한 대접을 받고 싶다는 재희의 어린 시절 욕구는 억눌러 놓았을 뿐 결코 사라지지 않았다. 재희는 어른이 되어서도 친밀한 관계의 사람들에게는 대접받고 싶어 해 여러 차례 갈등을 겪었다. 전능적인 상태의 유아적 자기애에 계속 머물러 있었던 탓이다. 이 같은 욕구는 성인이 된 후 대인 관계에서 비슷한 문제를 겪을 때면 서운함으로 표현되었다.

이외에 자신은 모든 것을 다 잘해야 한다는 사고도 자신이 공주라 생각하는 것처럼 이상적인 상태에 있는 것이다. 자신의 결함이나 실패를 직면하는 게 고통스러워 아예 시도조차 하지 않는다는 사람들도 위의 사례와 마찬가지로 유아적 자기애가 영향을 미치는 상태라 할 수 있다. 어쩌다 한 번씩 대접받고 싶은 욕구를 느끼는 것은 문제가 되지 않지만, 대부분의 시간에 유아적 자기애 상태에 빠져 있다면 문제가 발생한다.

어른으로 성장한다는 것은 본능이 중심인 동물의 상태에서 사회적 인간이 되는 과정이다. 자신의 욕구가 가장 중요했던 상태에서 벗어나 나와 외부의 요구를 적절하게 소화시키기 위해 타협하며 살게 된다. 즉, '삶이 내가 원하는 대로만 이루어지지 않는다'는 진실을 받아들이고 현실의 한계를 인식한다. 아무리 떼를 써도 안 되는 것이 있다는 사실을 알아야 한다. 우리는 누구나 그로부터 한계와 좌절을 경험한다.

무릇 인간은 한 가지를 얻으면 다른 것이 가지고 싶어지고, 다른 것을 가지면 조금 더 괜찮은 것을 원하게 되는 법이다. 끝없는 욕구를 충족시키기 위해 자신이 어떤 사람인지, 어떻게 하고 싶은지를 간과한 채 목표만 보고 달린다. 현실을 잊고 정신없이 외부 세계에 도전한다. 끝도 없는 무한계로의 도전이다. 아이가 원하는 것이라면 무엇이든 다 들어주는 양육 태도는 바로 이런 무한계의 세계에 아이를 살게 하겠다는 것이다. 어른도 마찬가지다. 원하는 대로 다 이룰 수 있다는 생각은 무한계에 도전하겠다는 뜻이다. 신이 아닌 이상 일도, 사람도, 관계도, 욕구도 한계가 있다. 그것이 현실이다. 현실에는 당연히 좌절이 존재한다. 한계를 모르면 불안감이 커질 수밖에 없다. 당장 눈앞의 성취를 이룰 수는 있으나 마음속에서는 '다음! 다음!' 하면서 머리 위의 천장을 뚫으려고 안간힘을 쓰게 된다.

세상은 내가 원하는 대로 움직이지 않는다는 좌절의 진리를 받아들여야 한다. 머리 위 천장에 부딪치면, 다칠 때까지 더 부딪치기보다 불가능을 수용해야 한다. 좌절을 겪으면 무조건 포기하라는 말이 아니다. 좌절된 마음을 외면하지 말자는 뜻이다. 통제되지 않는 부득이한 상태에서 힘들어하다가 결국 '마음을 비웠어', '차이를 인정하기로 했어'라고 현실을 인정하면 마음이 편해진다. 겉으로 보기에 결함 없는 모습, 남들보다 낫다고 생각하는 우월감, 가장 훌륭한 상태가 아니라 조금 모자라도 있는 그대로의 세상을 받아들여야 한다. 그러면서 조금씩 대안적 태도를 갖게 된다.

지나친 통제로 인한 통제되지 않는 삶

병서는 이런저런 이유로 최근 휴직했다. 한 달쯤 쉬니 스스로 통제되지 않는 느낌이 점점 강해졌다. 한 달 동안 자신이 하고 싶은 대로, 끌리는 대로 살았다. 예전이라면 상상도 못 했던 일들을 서슴없이 했다. 그를 알던 사람이라면 도저히 믿을 수 없는 모습이었다. 마치 안전장치가 고장 난 폭주 자동차 같았다. 그렇게 병서의 생활은 점점 극단으로 치달았다.

상담실을 찾기 전날, 병서는 유달리 충동적인 행동을 했다. 모르는 사람에게 대뜸 시비를 건 것이었다. 다행히 친구들의 도움으로 심각한 상황으로 치닫지 않을 수 있었다. 다음 날 아침,

병서는 전날 밤의 일을 떠올리며 두려움에 빠졌다. 머릿속이 하얘지고 숨을 쉴 수 없었다. 지난 한 달간 자신의 모습을 곱씹는데, 심장이 철렁 내려앉았다.

휴직하기 전에도 병서는 쉬는 날이면 무언가를 하고 싶다는 충동에 사로잡혔다. 평상시에는 사회생활 잘하는, 신입들 중에서 가장 촉망받는 직원이었다. 집안에서는 든든한 맏이였고, 스스럼없이 고민을 털어놓을 만큼 부모님과의 사이도 좋았다. 친구들 사이에서도 성격 좋고 똑똑하다고 평판이 좋았다. 그런데 휴가 때만 되면 스스로 통제할 수 없을 정도의 충동에 사로잡혔다.

기억나는 시점부터 병서는 최선을 다해 살았다. 최고가 아니면 실패라고 여기며 무엇을 하든 목표를 이루기 위해 자신을 채찍질했다. 노력하는 과정이나 발전하는 모습에 행복감을 느꼈다. 무엇이든 최고의 자리를 차지하는 전능적인 상태를 선호했던 것이다. 하나하나 성과를 낼 때마다 쏟아지는 주변의 찬사와 인정은 더없이 달콤했고, 스스로도 자랑스럽게 여겼다. 다만 긴장이 풀릴 때마다 자신도 모르게 무언가에 휩쓸리는 통제 불능 상태가 되는 것이 더없이 불안했다. 병서는 통제 불가능한 충동성을 없애고 싶었다. 그런데 모든 것을 통제하고 살았더니 역설적으로 통제된 감정이 충동성으로 발현되어 버렸다.

주어진 목표를 이루기 위해 자신을 통제하고 제어해 온 병서는 자신의 마음속에 숨어 있는 충동성을 도저히 자신의 감정이라고 인정할 수 없었다. 빈둥거리며 놀고, 충동에 따라 움직이고, 감정적으로 행동하고, 낄낄거리며 실없는 농담이나 하는 자신을 병서는 도저히 받아들일 수 없었다.

병서에게는 흑과 백 두 측면만 존재했다. 한쪽은 통제뿐이고 다른 한쪽은 통제 불능 상태인 충동뿐이었다. 완벽함에서 벗어난 '적절한', '대충', '어지간한', '그럴 수도' 같은 중간 지대가 없었다. 최고가 아니면 실패라고 생각했고, 좋은 사람이 아니면 무가치한 존재라고 여겼으며, 징징거리는 건 나약한 모습이라고 비난했다. 그러다 보니 친구든 연인이든 그 누구와도 모든 걸 공유할 수 없었다. 자신이 아닌 타인은 남일 뿐, 절대로 믿으면 안 된다고 생각해 거리를 두었다.

병서의 의식 속에는 흑백 논리가 뿌리 깊게 자리 잡고 있다. 마음이 어릴수록 흑백 논리에 지배당하기 쉽다. 이런 사람은 사고도 극단적이지만 감정도 극단적이다. 좋을 때면 잔뜩 들뜨고, 우울할 때면 늪에 빠져 허우적댄다. 친하다고 느껴지는 상대에게는 모든 일상을 공유하고 함께하고 싶어 한다. 그러다 조금이라도 상대에게 서운한 것이 생기면 전화번호를 차단하거나 손절한다. 극에서 극을 오가는 것이다. 마음이 어릴수록 중심축 없이 이리저리 기울어지기 쉽다.

앞서 언급했듯 마음은 좌절을 통해 성장한다. 인간은 전지전능하지 않기에 결핍과 좌절을 겸허히 받아들여야 한다. 아무리 뛰어난 사람도 저마다 한계가 있게 마련이다. 그러나 좌절을 겪기 전에는 자신의 한계를 인식할 수 없다. 현실에서 한계를 설정하지 못하면 이상적인 자아상에서 벗어나지 못한다. 계속 비현실적인 세계에서 머물러 있으니 현실 세계에 적응할 수 없다. 이런 이들 중에는 실제 성적은 중위권 정도인데 열심히 공부하면 언젠가는 의대에 갈 수 있을 거라며 10년이고 20년이고 수능 공부에 매진하는 경우도 있다. 좌절을 받아들이지 못하는 것이다.

좌절의 경험을 통해 현실의 한계를 받아들여야 삶에 적응할 수 있다. 무언가를 잃는 경험이 선행되어야 다른 무언가를 얻을 수 있다. 좌절은 자신에게 부족한 점이 있다는 사실을 받아들이는 과정이다. 그런 뒤에야 다음 단계로 이동하고 다른 방향으로 전환해 성장할 수 있다. 잃지 않으면 변화 자체가 일어나지 않는다. 부모가 자녀의 욕구를 미리 다 충족시켜 주면 아이들은 좌절을 경험하지 못한다. 소위 '마마(파파)보이(걸)'이라고 불리는 아이들이 온실 속 화초처럼 나약한 이유는 바로 좌절을 경험해 보지 못했기 때문이다.

자신은 죽을힘을 다해 노력해서 성취해 왔다고 말하는 이들이 있다. 이들은 어디를 가든 최고의 자리에 있었고 자신에게 한계란 없다고 말한다. 그 과정에서 당연히 쓸데없다고 여겨지는, 생산성 없는 소소한 욕구들은 대부분 억압한다. 쉬지 않고 움직이는 컨베이어 벨트에 올라탄 채 이들은 간과해서는 안 되는 감정들을 그냥 지나쳐 버린다. 그리고 그 과정에서 속마음은 숨 쉴 틈을 잃는다. 숨 쉬지 못한 마음이 하나둘 모여 커다란 덩어리가 되면 충동성으로 드러난다. 본능의 소리를 외면할수록 감정은 쪼개져 분화될 기회가 사라진다.

우리는 '하려면 제대로 해야 한다'는 말을 많이 한다. 열심히 노력하라고 격려하는 말이다. 하지만 '제대로 해야 한다'는 부분에 방점을 찍으면, 완벽주의와 맞물려 삶의 진도가 나가지 않는다. 계획이 조금만 틀어져도 전부 망가진 것처럼 느껴진다. 조금이라도 실수하면 전체를 다 망친 듯해 의욕이 사라진다. 처음부터 다시 하고 싶은데 그럴 기운이 없어 무기력해진다. 일이 계획대로 진행될 때는 문제가 없는데, 예상치 못한 변수가 불거지면 좌절해 버리고 만다. 혼자 하는 공부나 일은 변수가 적지만 다른 사람과 함께해야 하는 일은 생각지도 않은 예상외의 일들이 생기곤 한다. 특히 예측한 답변에서 벗어난 입장이나 태도를 보여야 할 때 문제가 된다. 어떻게 해야 할지 몰라 제대로 반응하지 못한다. 그러면 외부에서 의존할 만한 대상을 찾게 된다. 의지할 만한 누군가에게 물어보고 나서야 행동을 취할 수 있다. 혼자 힘으로 서지 못하는 수동적 상태라고 할 수 있다.

아이일 때는 주변 환경의 영향에서 자유로울 수 없지만, 어른이 되면 스스로 환경을 잘 형성해야 한다. 자아의 성장은 어떤 태도로 살아가느냐에 따라 차이가 크고 그에 따라 결과도 달라진다. 내가 잘 성장할 수 있는 좋은 환경을 만들어야 한다. 인간의 심리적 성숙은 탄생부터 죽음에 이르기까지 우리에게 주어지는 운명적 과제다.

첫 번째 마음 상담소

당신만을 위한 마음 상담소가 열렸습니다. 다음의 질문지를 읽고 자유롭게 답변해 보세요. 대답을 원하지 않는 질문이 있다면 대답하지 않아도 좋습니다. 글이 어렵다면 그림이나 말로 표현해도 괜찮습니다.

1. 당신은 현재 자신의 마음 나이가 몇 살이라고 생각하나요? 그렇게 생각한 까닭은 무엇인가요?

....

....

2. 과거에 경험한 일 중 여전히 당신을 괴롭히는 기억이 있나요?

....

....

3. 유독 불안감을 느끼는 상황이 있다면 서술해 주세요.

....

....

4. 당신이 가장 '나답다'고 생각할 때 혹은 편안함을 느낄 때는 언제
   인가요? 공간으로 표현해도 좋습니다.

   ....

   ....

5. 감정 분화 연습을 해보겠습니다. 아래 예시한 감정에 대해 자신
   만의 방식대로 자유롭게 표현해 보세요. (ex. 좋다: 나는 주말 아침에
   혼자 시간을 보내며 음악을 듣는 시간이 좋다.)
   • 좋다
     ....
   • 싫다
     ....
   • 행복하다
     ....
   • 불안하다
     ....
   • 설렌다
     ....
   • 화난다
     ....

심리 상담은 어른의 몸속에 갇힌 아이를 성장시키는 과정입니다.
마음에 찾아온 열병은 생각보다 쉽게 낫지 않아서
오랜 시간 공들여 들여다보고 애정을 쏟아야 합니다.
이런저런 이유로 외면했던 '나'를 찬찬히 살펴보세요.

2장

자신을
알지 못하는
어른들

내 마음을
읽어야 하는 이유

인간의 탄생은 세상에 적응해야 하는 과업의 시작이라고 할 수 있다. 영·유아기에는 생존하기 위해 타인에게 의존하고 보호받는다. 부모의 보호하에 있다가 점차 스스로 만나야 할 사람이 많아지고 다양한 활동들을 하면서 인지하는 세계의 범위가 넓어진다. 적응해야 할 세계가 조금씩 확장되는 것이다. 엄마와 나, 두 사람으로 이루어진 관계에서 시작해 아빠와 동생이 추가되고, 친척이 더해지고, 친구들, 선생님 등등으로 관계가 확장된다. 단순한 관계에서 점점 복잡한 관계들을 형성 및 경험하면서 나름의 충족과 좌절을 느끼게 된다. 좋고 나쁨의 이분법적 논리로만 생각하다가 다양한 관계와 사건들을 경험하며 내적 성장이 이루어진다. 그렇게 복잡한 상황과 관계들 속에서 어떻게 살아가야 할 것인가 끊임없이 고민하는 것이 삶이다.

살아오면서 한 번쯤 시련에 부딪혀 '도대체 잘 사는 게 뭘까?' 고민해 본 경험이 있을 것이다. 사업에 성공했다고, 좋은 기업에 취직했다고, 명예를 얻거나 돈을 많이 벌었다고 해서 삶에 100퍼센트 만족할 수는 없다. 이런 경험들은 성취감을 줄 수는 있지만 공허감을 사라지게 하지는 못한다.

삶의 가치를 고민하다가 찾아온 내담자들에게 나는 종종 "나답게 살았다고 생각되는 때는 언제인가요?"라는 질문을 던진다. 친구들과 즐겁게 놀 때, 부모님의 사랑을 듬뿍 받을 때, 사람들에게 인정을 받을 때 등등 사람마다 답변은 제각각이다. 그런데 이 답변들에서는 공통점을 찾아볼 수 있다. 모두 관계 속에서 자신을 감추지 않고 온전히 표현할 수 있는 편안한 상태였다는 점이다. 어떤 관계든 숙이고 오므라드는 위축된 상태가 아니라 몸과 마음이 외부로 확장되고 펼쳐지는 느낌을 받을 때 사람들은 자신감이 차오르고 나답게 살고 있다고 받아들인다. 마음의 중심이 자신에게 있고 외부의 부정적인 영향을 덜 받는 안전한 상태에서 안정감을 느낀다.

사람들은 혼자 마음을 추스르기 힘들 때 누군가의 도움을 바란다. 주체인 내가 무엇을 어떻게 하고 싶은지 모르겠을 때 고민과 갈등이 깊어진다. 부모님과의 갈등, 직장에서의 소외, 친구들에게 느끼는 서운함, 사람에 대한 불신 등 여러 고민들은 결국 하나의 문장으로 요약된다.

'괴로운데 어떻게 해야 할지 모르겠다.' 나의 입장과 태도를 어떻게 취해야 할지 혼란스러운 것이다. 진로 상담을 할 때도 "많이 알아봤는데 어떤 걸 선택하면 좋을지 고민"이라는 말을 자주 듣는다. 불안과 갈등은 자신의 입장이 명료하지 않을 때 생겨난다. 인간에게 불안은 피할 수 없는 숙명이다. 그래서 불안이 삶을 거세게 흔들지 않도록 하는 게 중요하다. 오스트리아의 심리학자 지그문트 프로이트Sigmund Freud의 심리학 이론은 불안에 대한 연구에서 시작된다. 원초아id, 자아ego, 초자아superego로 구분되는 지형학적 이론에서 그는 원초아나 초자아가 자아의 경계를 넘어서면 불안이 발생한다고 설명했다. 사람들이 다양한 방어 기제를 가지고 살아가는 이유 또한 불안에 대처하는 자아의 기능이 중요하기 때문이다.

사람들은 해결하기 어려운 일들을 마주쳤을 때, 한동안 괴로워하다가 결국에는 지쳐서 마음을 정리한다. '욕심내지 말고 마음을 비우자', '더 이상 서운해하지 말자' 같은 다짐으로 마음을 다독인다. 자세히 들여다보면 의존하고 싶은 마음과 기대가 좌절

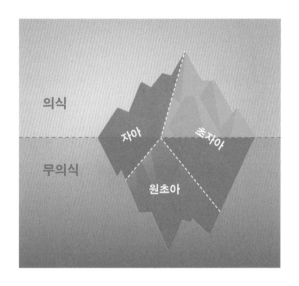

프로이트의 성격 구조

되면서 발생한 감정들이다. 이는 의존과 독립이라는 키워드로 이해할 수 있다. 경험한 적 없는 낯선 세계로 서서히 떠날 준비를 하는 것이 바로 독립이다. 의존과 독립 사이에서 빚어지는 갈등은 성숙을 위한 본질적인 과제를 수행하면서 필수적으로 겪는 과정이다. 둥지 안에 있던 아기 새는 어미 새의 보호를 받다가 서서히 둥지 밖의 세상으로 날아갈 용기를 낸다. 둥지 밖 세계는 아기새가 경험해 본 적 없는 불안한 세상이지만 자신을 펼칠 수 있는 새로운 세상이기도 하다. 좌절을 견뎌내야 '나'로 독립할 수 있다. 독립하는 과정에 느껴지는 불안은 당연한 심리 상태다.

내면의 힘이 강해질수록 불확실성에 대응할 수 있다

초등학교 입학을 앞두고 아이들은 새로운 세상에 대한 기대와 불확실한 세상에 대한 불안을 함께 경험한다. 기대보다 불안이 크면 분리 불안을 겪게 되고, 불안보다 기대가 크면 학교에 대한 호기심을 품게 된다. 둘 중 어느 한쪽으로 치우치는 것은 좋지 않다. 기대와 불안 속에서 세상에 적응하고 독립해 나가는 이 과정에서 불안을 잘 다독여야 한다.

내담자들 중에는 "숨을 쉴 수 없을 정도로 겁이 나요", "매일 밤 눈물이 멈추지 않아요", "왜 이렇게 힘든지 모르겠어요"라고 말하는 경우가 있다. 가슴이 답답하고 눈물이 날 만큼 힘들고 불안한데 원인을 가늠조차 하지 못한다. 부정적인 흔들림만 느껴질 뿐이다. 하지만 흔들리고 있는 감정 덩어리의 실체가 무엇인지 알 수 없다. 알지 못하니 통제할 수도 없다. 이런 어려움은 살아 있는 실체처럼 목을 조른다. 그런데 불안이 느껴지면 사람들은 그 불안에서 벗어나고자 움직이게 된다. 상담을 받으러 오는 것도 같은 맥락이다. 일상에서 느껴지는 불안은 자기 마음을 보살필 기회를 제공하는 선기능도 있다.

우리 마음속에는 확실성과 불확실성이 함께 존재한다. 자아가 발달하는 과정에서 모호한 불확실성을 견디는 힘이 자란다. 영아들은 엄마의 얼굴이 잠깐만 안 보여도 엄마가 사라졌다고 인식해 엄청나게 운다. 모호하고 불확실한 상황이 불안해서 우는 것이다. 그러나 마음이 자라면 엄마가 "잠깐 나갔다 올 테니 장난감 가지고 놀고 있어"라고만 해주어도 아이들은 문제없이 놀면서 엄마를 기다린다. 장난감을 가지고 노는 재미가 더 커서 두려운 감정을 애써 억누를 필요도 없다. 불확실성을 견디는 힘이 커진 것이다. 엄마가 없는 불확실한 상태이지만 놀고 있다 보면 엄마가 올 거라는 믿음이 있기 때문이다. 이렇게 아이는 점차 자신의 삶을 살아가게 된다.

아이들이 좋아하는 놀이 중에 까꿍 놀이가 있다. 얼굴을 가렸다가 다시 보여주기를 반복하는 놀이다. 아이들은 엄마나 아빠가 보이지 않으면 의존할 대상이 없는 세계에 놓인다. 그러다가 다시 엄마와 아빠의 얼굴이 나타나면 의존할 대상이 생긴다. 이렇게 사라졌다 나타나기를 반복하는 놀이를 통해 아이들은 엄마와 아빠가 잠시 안 보일 수는 있어도 영원히 사라지지는 않는다는 사실을 인식하게 된다. 불안을 경험하면서 불안을 감당할 수 있게 되는 것이다. 이런 과정을 겪으며 커진 내면의 힘은 모호하지만 불확실한 세상을 견딜 수 있게 해준다.

마음의 병은 대체로 감정이 억압되고 차단되었을 때 생긴다. 긍정적인 감정이든 부정적인 감정이든 감정은 모두 자신의 조각들이다. 우울하고 괴로운 것도, 행복하고 기쁜 것도 모두 자신의 감정이다. 옳고 그름이 명백할 때만 감정이 정당한 게 아니다. 객관적으로 옳은 일을 선택해도 우울해지거나 슬퍼질 수 있다. 그런 감정을 꼭 없애야 하는 것도 아니다. 인간은 감정 없는 인공지능(AI)이 아니기에 모든 감정은 존중되어야 한다. 감정의 토대 위에 이성이 자라야 마음이 건강해진다.

식물은 태양을 너무 가까이하면 타 죽고, 너무 멀리하면 무기력하게 시들어 버린다. 한마디로 태양은 식물에 삶의 생기를 불어넣는 원천이다. 감정도 마찬가지다. 감정은 우리의 판단과 행동을 이끄는 나침반이라고 할 만큼 힘이 세다. 대인 관계에서도 공감받았다고 생각하면 상대방이 가깝고 따뜻하게 느껴지고, 차갑고 냉정하게 느껴지면 상대방과 멀어지고 싶어진다. 이처럼 일상의 모든 순간에 감정이 개입해 선택과 행동에 영향을 미친다. 그러니 자신의 감정을 이해하는 것이 매우 중요하다.

미국의 신경과학자 안토니오 다마지오Antonio Damasio는《데카르트의 오류Descartes' Error》에서 뇌종양 수술을 받은 엘리엇의 사례를 통해 "인간은 느끼고 아는 존재"라고 말했다. 엘리엇은 뇌에 종양이 생겨 수술을 받았다. 수술은 성공적이었다. 기억력, 언어 능력, 논리력, 운동 신경 등 모두 정상이었다. 지적 측면에도 아무런 문제가 없었다. 그런데 그는 수술을 받은 뒤 그 어떤 결정도 내릴 수 없었다. 수준 높고 어려운 문제가 아니라 일상에서 부딪치는 사소하고 간단한 일들에 대한 결정도 내리지 못했다. 뇌의 종양을 외과 수술로 제거하면서 뇌의 전두엽 조직 일부가 같이 제거된 게 원인이었다. 결국 엘리엇은 직업, 결혼, 인간관계가 모두 파탄에 이르게 되는 결과를 맞았다. 더 심각한 문제는 엘리엇이 그 과정에서 아무런 감정도 느끼지 못했다는 것이다. 아무리 비극적인 사건도 엘리엇은 논리적이고 차분하게 설명해 냈다. 다마지오의 연구는 완전히 정상적인 지성과 인격을 갖추고 있더라도 정서나 감정이 쇠퇴하면 판단과 행동에 영향을 받는다는 것을 보여준다. 감정은 그 자체로 인간이 생존하고 적응하는 데 있어 아주 중요한 요소다.

자기감정을 잘 아는 것은 자아의 성장·발달을 돕는다. 자기감정을 잘 모르면 개인의 삶은 없는 것이나 마찬가지다. 객관적으로 괜찮은 것들만 취하는 AI 같아진다. 긍정적인 감정이든 부정적인 감정이든 어떤 감정을 느끼고 이해하고 수용한 적이 없으면 자기감정을 정확히 알기 어렵다. 우리는 어떤 대상에게 공감과 이해를 받을 때 자기감정이 타당하다고 생각하며 자신을 믿게 된다.

"상대방의 말에 순간 기분이 나빠졌어요. 상대방이 나쁜 의도로 말한 건 아니에요. 그래서 제가 기분 나빠하는 게 잘못된 것 같고 상대방을 오해한 것 같아서 아무 말도 못 했어요. 뭐가 잘못된 건지 잘 모르겠어요."

이 말은 결국 어떤 감정을 느꼈지만 그 감정이 믿음직스러운지 모르겠다는 뜻이다. 그럴수록 자신의 감정을 하나하나 들여다보는 게 중요하다. 제대로 경험하지 않으면 감정을 파악해 조절하고 처리하는 법을 알 수 없다. 감정을 느끼고 조절하는 능력은 대상과의 경험을 통해 배우게 된다. 자신의 감정을 억압하고 외면하면 자아의 성장은 절대 이루어지지 않는다. 감정을 마주하는 것만으로도 마음 성장은 반쯤 시작되었다고 볼 수 있다.

나에게 관심을 쏟아야 문제의 원인을 알 수 있다

선우는 부모님의 손에 이끌려 상담실에 왔다. 대학생인 그는 학교 외에는 아무 데도 가지 않고 하루 종일 게임만 했다. 말도 거의 하지 않았다. 부모님은 그가 우울증인 것 같다고 했지만, 그는 아무런 문제의식이 없었다. 상담은 얼마 못 가서 종결되고 말았다. 선우는 게임조차 시간을 죽이기 위해 하는 것일 뿐이라고 말했다. 매사 우울하고 의욕 없는 상태지만 절망스러운 정도는 아니라고 했다. 선우는 자신의 무기력한 상태만 인정할 뿐, 다른 부정적인 감정은 모두 부인했다.

선우는 자기감정을 잃어버린 가면성 우울mask depression*상태 라고 볼 수 있다. 부정적 감정들을 마주할 용기조차 없는 취약한 상태인 것이다. 선우의 무력감은 상담을 지속할 에너지마저 빼앗았다. 이런 이들은 아무것도 할 수 없는 무기력한 상황에서 부정적 감정들을 억압하고 묻어둔다. 무기력한 상황에서 벗어나려면 무엇보다 먼저 억압하고 묻어둔 부정적 감정을 마주하고 수용해야 한다. 잃어버린 자신의 조각을 찾는 시작점이 된다. 알코올 중독도 본인이 중독 상태임을 인정해야 본격적인 치료가 시작되는 것과 마찬가지다.

자신의 감정을 통제할 수 없다고 호소하는 내담자가 많다. 잠깐 동안은 '이성적으로 생각해야지'라고 마음먹지만 이내 복잡한 생각과 감정들이 가득 차올라 힘들다고 호소한다. 고대 그리스의

* 가면성 우울(mask depression)은 가면을 쓰고 있는 것처럼 겉으로 드러나지 않는 우울감을 말한다.

철학자 플라톤Platon은《파이드로스Phaidros》에서 마음이란 두 마리 말이 끄는 마차라고 했다. 한 마리는 혈통도 좋고 행동도 올바르지만, 다른 한 마리는 혈통도 천하고 말도 잘 안 듣는다. 전자는 합리적이고 긍정적인 감정을, 후자는 비이성적이고 부정적인 감정을 상징한다. 인간의 마음속에는 쉽게 통제되지 않는 야생마 같은 원시적이고 부정적이며 파괴적인 동물적 본능이 존재한다. 마부는 합리적인 이성의 영역이다. 마부가 두 마리 말이 하나가 되어 달리도록 해야 마차가 원활히 나아가듯 이성의 힘으로 감정을 통제해야 한다.

감정을 통제하기 위해서는 감정을 알고 있어야 한다. 긍정적 감정은 통제하기 쉬우나 부정적인 감정은 대부분 통제하기 어렵다. 혼자 힘으로 통제하기 어려우면 타인의 도움을 받아야 하는데, 말도 꺼내지 못하고 혼자 속앓이를 하는 경우가 대부분이다. 상대방이 거절했을 때 경험하게 될 실망감과 좌절감이 두렵기 때문이다. 이런 이들에게는 대체로 과거에 거절과 관련된 감정을 억압한 경험이 있다. 감정은 억압하고 외면할수록 통제하기 어렵다. 외면하거나 억압하지 말고 찬찬히 들여다보며 보살펴야 감정을 통제할 수 있다.

시시각각 나의 상황과 상태가 변화하는 와중에 발생하는 감정에는 옳고 그름이 없다. 감정은 개인적인 것으로, 감정을 조절하는 힘은 후천적으로 만들어진다. 하지만 그렇게 만들어진 감정이나 판단이 변하지 않는 것은 아니다. '어른다운 나'로의 성장은 변화함으로써 가능하다. 즉, 감정을 처리하는 태도는 달라질 수 있다. 감정은 자라고 자아의 힘도 움직인다. 불편하다고 느껴지는 곳에 묻혀 있는 감정을 명확히 알아내는 훈련이 필요하다. 관심을 가지고 변화하고자 하는 의지를 품는 만큼 자아는 변한다. 마음이 어떻게 자라는지 알고 있는 사람은 모르는 사람보다 당연히 유리할 수밖에 없다.

우리는 죽을 때까지 스스로에 대해 다 알 수 없다. 내가 제대로 알지 못하는 영역이 내가 찾아가야 할 곳이다. 자신을 알고자 하는 노력에 따라 후천적으로 얼마든지 성장할 수 있다. 우리가 아이였을 때 엄마의 애정과 관심이 필요했던 것처럼 스스로에게 애정과 관심을 주자. 감정을 제대로 이해하면 훨씬 더 평안한 삶을 살 수 있다. 이것이 '나'의 역사를 만들어 가는 진짜 어른이 되는 길이다.

(*HOW TO*) — 다음에 해당하는 이들을 위한 실천 방안

    • 괴로운 상황에서 유연하게 대처하지 못하는 사람

    • 지나치게 의존적인 성향을 가진 사람

• 원인을 알지 못하는 괴로움에 빠진 사람

STEP 1. 내가 생각한 대로 행동한 '나'의 행동을 돌아본다.

자신의 의지대로 행동한 경험이 있는지 고민하며 '나'를 돌아
볼 필요가 있다.

2. 내가 생각한 대로 되지 않았던 '나'의 행동에는 어떤 것
들이 있는지 돌아본다.

의지와 달리 행동했던 경험을 떠올리며 마음속에 어떤 방해
물이 있었는지 알아본다.

3. 어떤 모습이 자신의 마음에 드는지 고민한다.

위의 두 가지 경험을 토대로 앞으로 내가 어떻게 행동하면 좋
을지 결정한다.

공허감, 더 이상
느끼고 싶지 않아요

텅 빈 마음을 마주했다. 아현은 눈 하나 깜짝 않고 상담자인 나를 뚫어지게 쳐다보았다. 그 눈은 아무것도 보이지 않는 깜깜한 심연 혹은 깊은 우물 속 같았다. 보는 이에게까지 전달되는 허망한 눈이었다. 나도 모르게 시선을 피해 잠시 고개를 돌렸다가 다시 그녀를 봤다.

아현은 고등학생 때부터 학교에서 수업을 듣지 않고 잠만 잤다. 선생님들은 그런 아현을 그냥 내버려 두었다. 같은 반 친구들도 딱히 말을 걸거나 건드리지 않았다. 집에 와서도 아무것도 안 하고 잠만 자거나 핸드폰을 뒤적이며 누워 있었다. 무기력하고 우울했다. 그렇게 3년 동안 잠만 자다가 고등학교를 졸업한 후로도 2년 더 잠만 잤다. 한동안 방 안에서 아무것도 하지 않고 눈물만 흘렸다. 그러다 마침내 눈물마저 말라버린 아현은 더는 이렇게 살고 싶지 않다는 생각으로 상담실을 찾았다.

어떻게 지냈냐는 물음에 대한 아현의 대답은 언제나 같았다. "그냥 그랬어요." 자신이 어땠다는 구체적 경험과 내용은 없었다. 눈을 마주치며 말하는데도 심리적 접촉이 되지 않았다. "변화하고 싶어요"라는 말 외에 그녀에게서는 자발적인 느낌을 찾아볼 수 없었다.

아현은 어렸을 때부터 혼자였다. 친구 하나 없었다. 부모님은 서로 사이가 좋지 않다는 이유로 보호자로서 역할을 다하지 않았다. 그녀의 기억 속 자신은 집에서도, 학교에서도 언제나 혼자였다. 혼자 밥 먹고 혼자 책 읽다가 혼자 잠들었다. 자라는 내내 소통하고 피드백을 주는 대상이 없었다. 누군가와 쫑알쫑알 떠들며 자기 에너지를 펼쳐낸 경험이 없었다. 더군다나 1차적 안전망이 되었어야 하는 가족들조차 아현에게는 기댈 수 있는 보호막이 되지 않았다.

소통이란 상호 커뮤니케이션이다. 청자가 있어야 화자가 있고, 화자가 있어야 청자가 있다. 속마음이나 일상을 들어줄 청자가 없었던 아현은 어느 누구와도 힘든 마음을 나눌 수 없었다. 마음속 이야기를 털어놓기 어려워지자 아현은 마음의 문을 닫았다.

'사람'은 그저 의미 없는 존재라고 생각했다. 그렇게 무기력하게 자신을 잃어갔다.

아현은 우울한 감정 외에는 다른 감정을 제대로 알지 못했다. 대화를 할 때도 1인칭 주어보다는 2인칭 주어를 많이 사용했고, 타인의 생각과 행동 중심으로 서술했다. 타인의 입장은 잘 아니 말하기 쉬운데 자신이 어땠는지에 관해서는 입을 다물었다. 어떤 상황에서 본인의 마음은 어땠는지 물으면 "힘들죠", "기분 나쁘죠"라고 무덤덤하게 말할 뿐이었다. 호불호에 관한 단순한 감정 외에 다른 구체적인 감정은 표현하지 않았다. 마치 감정이 사라진 듯 보였다. 오랜 시간 사람들과 소통하지 않고 자라서인지 복잡한 상황에서는 복잡한 감정이 느껴진다는 사실을 알지 못했다. 아현은 분명 착한 사람이지만, 기계적이었다. 그런 이유에서 자신이 공허하다는 사실조차 인식하지 못했다. '나'라는 심지가 너무 약해서 세상을 제대로 인식하는 주체가 없었다.

자신이 무슨 생각을 하고 있는지, 어떤 마음인지 몰라 갑갑함을 느끼는 사례가 적지 않다. 주체가 없어서 자신의 마음조차 인식하지 못하는 것이다. 상담을 받으며 용기를 낸 아현은 집 밖으로 나가기 시작했다. 온라인 모임뿐만 아니라 오프라인 모임에도 참석했다. 변화가 시작된 건 그때부터였다. 아현은 상담 중 모임에서 만난 사람들과의 관계에서 느낀 점들을 이야기하기 시작했다. '다른 사람들의 이야기를 경청하고 잘 웃는 사람'이라는 피드백을 받으며 그녀는 자신이 어떤 사람인지를 고민하기 시작했다. 모임에 참석하면서 한두 명 가까워진 사람들과 따로 만나기도 하면서 관계가 점점 밀접해졌다. 의무감으로 모임에 참석하는 것이 아니라 취향이나 컨디션에 따라 참석 여부를 조절하기 시작했다.

아현의 인간관계는 친한 사람과 덜 친한 사람을 구분하지 않는, 모두가 공평하게 n분의 1 비중으로 나뉘는 피상적인 관계였다. 입장 차이가 있어도, 이해되지 않아도 '그 사람 입장에서는 그럴 수도 있지'라며 상대방의 편에 섰다. 그러나 정작 자신의 입장은 없었다. 자신의 영역이 침범당하더라도 불쾌감을 인식하지 못했다. 상담을 이어가면서 아현은 그런 상황에 점차 '왜?'라는 의문을 품었고, '나는'이라는 자신의 입장과 태도를 표출하기 시작했다. 자신의 입장을 정립하면서 대인 관계의 질이 좋아졌고 비어 있던 아현의 내면도 점차 채워졌다.

아이들은 본능적으로 좋알쫑알 떠들고 이리저리 바쁘게 움직인다. 조용히하라거나 가만히 있으라는 어른들의 말에 알겠다고 대답한 뒤 1~2초만 지나도 입이 열리고 몸이 달싹인다. 아이들은 몸과 입으로 자신의 욕구를 표현한다. 하늘을 날고 싶은 욕구는 망토를 휘두르며 소파 위를 뛰어다니는 것으로 표현하고,

갖고 싶은 장난감이 있으면 엄마의 주머니 사정 따위는 고려하지 않고 울면서 떼를 쓴다. 아직 정제된 말과 태도를 갖추지 못한 탓에 그런 식으로 표현하는 것이다. 그렇게 자기 욕구에 기반을 둔 행동을 하면서 서서히 자아가 형성된다. 외부 세계가 자신을 안전하게 수용해서 받아들여질 거라고 느껴야 자기 욕구를 꺾지 않고 자기를 표현할 수 있다. 자기를 표명해 본 경험이 적으면 자신을 표현할 수 있는 아이가 내면에 생기지 않는다.

때론 공허감이 상대에 대한 집착을 키운다

진우는 상대가 조금만 잘해주어도 푹 빠지는 '금사빠'(금방 사랑에 빠지는 사람) 사랑을 여러 번 했다. 만난 지 일주일 만에 몇 달은 만난 것처럼 SNS로 상대방과 많은 것들을 공유하기도 했다. 얼굴색이 확연히 달라질 정도로 마음이 온통 상대방에게 기울었다. 그러나 진우의 연애는 대체로 단기간에 끝났다. 만난 지한 달도 채 되지 않은 시점에 이별을 통보받곤 했다. 짧은 만남이지만 마음을 오롯이 쏟아부은 만큼 진우는 매번 극심한 이별 후유증을 겪었다. 가슴이 뻥 뚫린 듯한 공허감이 서너 달씩 계속되었다.

채워진 상태의 안정감과 텅 빈 상태의 불안감

사실 진우는 연인의 상실로 인해 공허한 게 아니라, 처음부터 공허했던 내면의 빈자리에 연인을 채워 넣었던 것이다. 빈자리가 클수록 누군가 들어오기도 쉽다. 누군가와 친밀해지기 위해서는 관심과 더불어 일상을 함께 경험하며 검증해 가는 적절한 시간이 필요한 법이다. 상대가 나와 맞는 사람인지, 지속적으로 관계를 이어가도 좋을지 고민하고 알아가는 일종의 유예 기간은 조금 더 신중한 선택을 할 수 있도록 돕는다. 그런데 진우는 공허감으로 인해 그 시간을 견디지 못했다.

연애를 하지 않을 때 진우는 일에 모든 걸 쏟아부으며 일 중독자처럼 살았다. 주말도 없이 미친 듯 일에만 전념했다. 일은 그를 배신하지 않았으므로 그만큼 성과를 얻었고, 그에 따라 인정도 받았다. 그러다 일에 지치면 연애로 눈을 돌렸다. 하지만 깊은 이해 없이 만들어진 관계는 상처로 귀결되었다. 금방 사랑에 빠졌다가 상처받고 일로 돌아오는 과정이 반복되었다. 일과 연애에 반복적으로 매진했기에 아무도 진우가 힘들어한다는 사실을 알 아차리지 못했다. 그에게는 일과 연인 모두 의존할 대상이었던 것이다. 어떤 대상에 모든 것을 쏟아붓는 동안에 진우는 자신을 잠식하고 있던 공허감을 전혀 느끼지 못했다. 그는 대외적으로는 당당하고 멋진 사람이었지만, 내면은 전혀 그렇지 않았다.

그러다 보니 대인 관계에서도 당연히 문제가 발생했다. 일은 명료해 쉬웠지만 사람들과의 관계는 어렵기만 했다. 진우의 현 상태를 살펴보면 오랜 친구들과 전부 멀어지고 믿을 만한 사람도 없었다. 진우는 관계에 절실한 데 반해 다른 이들은 절실하지 않 은 것 같아 서운했다. 그는 좋았던 관계일지라도 상대의 관심이 자신보다 덜하다고 여겨지면 관계를 끊고 연락을 회피했다. 사 람 보는 눈이 없는 건지, 아니면 이상한 사람만 만난 건지 모르겠 다고 한탄하면서도 관계가 틀어지고 나면 외로워서 견딜 수 없었 다. 실망하면서도 사람들과 자꾸 연결되고 싶어 하는 자신이 싫 지만 진우는 혼자 있는 시간이 불안하고 무서웠다.

진우처럼 공허감이 큰 사람들은 무엇으로라도 내면을 채우 려고 한다. 혼자 힘으로 서지 못하기 때문에 믿을 만한 대상과 많 은 부분을 공유해야 안정감을 느낀다. 그러나 자신을 채우지 않는다면 공허감은 결코 사라지지 않는다. 일이나 관계를 통해 일시적으로 채울 수는 있지만, 일을 그만두거나 관계가 끊어지기라도 하면 공허감은 고스란히 다시 돌아온다. 나로서 존재하려면 외부의 크기보다 내가 더 커야 한다. 이런 상황이라면 안전한 대상과의 관계에서 자신을 표현하는 것이 도움이 된다. '나'를 위해서는 안전거리 확보가 필요하다.

(HOW TO) — 다음에 해당하는 이들을 위한 실천 방안
- 혼자 있으면 외로움이 밀려와서 견딜 수 없는 사람
- 잘 지내다가도 문득 공허감이 느껴지는 사람
- 관계에 집착하는 사람

(STEP) 1. 즉각적 반응은 잠시 멈춘다.
불안한 감정을 잠시 멈추고 생각할 시간을 갖는다.
2. 어떻게 하고 싶은지 자신에게 물어본다.
정확한 답을 모르더라도 마음을 알고 있는 것만으로도 상황에 덜 휘둘리며 영향을 덜 받게 된다.
3. '나'를 주어로 나의 주관적 상태를 말한다.
"나는 ○○이 좋다", "나는 ○○라고 느낀다", "나는 ○○을 하고 싶다"처럼 주관적인 생각이나 감정을 말한다.

불안해서
아무것도 못 하겠어요

민규는 남들이 자신을 어떻게 볼지 두렵기만 했다. 타인에게 비난받을 것 같아 집 앞 편의점에도 편히 못 갈 정도로 불안했다. 상담실에서 말을 꺼내는 그의 목소리는 커다란 바위 틈새에서 겨우 삐져나오는 듯 힘겨웠다. 흔들리는 마음이 나에게까지 고스란히 전달되었다. 여러 번 물어야 겨우 무슨 말을 하는지 알아들을 수 있을 만큼 민규의 목소리는 작고 희미했다.

민규가 이렇게 무너져 버린 것은 형과 싸우다 듣게 된 말 때문이다. 민규에게는 초등학교 때부터 만난 친구가 있는데, 형은 그 친구가 민규를 친한 친구로 생각하지 않는다고 말했다. 생각지 못한 형의 말에 크게 충격을 받은 민규는 그날부터 친구에게 연락할 수 없었다. 자신을 정말 싫어하는 것만 같아서 메시지가 와도 답장하지 못했다. 친구라 생각하는 유일한 사람이었는데 믿을 수 없게 되었다. 한창 취업 준비를 해야 하는 중요한 시기인데, 자신감이 떨어지고 불안에 사로잡힌 나머지 게임에 빠져들었다. 게임을 할 때면 마음이 평온해져서였다.

안전을 중요시하는 민규가 회피하지 않고 선택한 일은 오로지 공부뿐이었다. 민규는 공부에 방해되는 것은 최대한 회피하면서 살았다. 대인 관계에서의 감정 소모마저 방해 요소로 여겼다. 그가 스스로의 힘으로 한 건 공부뿐일 정도로 일상생활에서 불안 요소를 모두 차단했다. 민규에게 이전에 상담해 본 경험이 있는지 묻자 "기억나진 않지만 아마도 해봤을 거예요"라는 대답이 돌아왔다. 자신의 경험을 남 이야기처럼 하는 민규의 말하기 방식이 조금 낯설었다. 친구 관계에서 좋았거나 나빴던 기억도 없고, 구체적인 내용을 물어도 "그냥 그랬어요"라는 대답이 전부였다. 감정적이 되었던 순간에 대해 묻자 "성적이 잘 나오면 기쁘고 성적이 떨어지면 짜증 났다"고 대답했다. 해외 유학을 간 뒤에는 부모님과의 소통도 감정 소모가 적은 SNS로만 했다. 그의 삶은 곧 공부였다. 공부를 빼고 나면 민규에게는 억압하고 회피했던 무의식 덩어리만 남았다. 공부와 억압, 두 축으로 민규의 삶이 이루어져 있었다. 그래서 교육 과정이 끝나고 사회에 나가야 할 시점이 되자 형의 말 한마디에 억눌린 문제가 터진 것이다.

민규는 '남들이 싫어할 것 같고', '무시당할 것 같은' 마음을 두려워했다. 이는 그동안 받아들이기 어려워서 억압하고 외면했던 감정들이기도 했다. 억압된 감정이 불거져 나올 때면 불안이 민규의 삶을 휘감아 버렸다. 심지어 감기에 걸려 동네 병원을 방문해도 증상을 말하는 것조차 어려워서 부모님이 동행해 민규의 증상을 대신 말해줄 정도였다. 혼자 일상생활을 해나갈 수 없을 정도로 문제가 심각해진 것이다. 자신의 감정을 습관적으로 억압해 부정적인 감정이 켜켜이 쌓여 결국 기본적인 삶을 영위하기 힘들어진 상태였다.

〈효리네 민박〉(JTBC)이라는 TV 프로그램에서 아이유는 이렇게 말했다. "들떴다는 느낌이 들면 스스로 기분이 안 좋아지거든요. 통제력을 잃었다는 생각 때문에." 통제력을 잃었다는 말은 흔들림이 너무 커서 중심을 잡기 어렵다는 뜻이다. 그러니 모든 게 두렵게 느껴질 수밖에 없다. 불안함은 곧 흔들림이므로, 불안 밑에 있는 어떤 존재가 제멋대로 움직이는 것 같다는 착각을 불러일으킨다. 억압된 감정들이 쌓여 커다란 덩어리가 되고, 그것이 자극에 의해 움직이면서 출렁이는 것이다. 외부의 자극에 흔들리는 실체를 찾는 게 불안을 다스리는 길인 이유다. 평정심을 찾는데 너무 집착하다 보면 아주 작은 흔들림조차 예민하게 느껴져 불안이 더 커진다. 예민한 기질의 사람일수록 외적·내적 변화를 기민하게 알아차리므로 남들은 그냥 지나칠 자극에도 민감하게 반응한다. 모든 것을 하나하나 통제하기 시작하면 도리어 부작용이 나타날 수 있으니, 차라리 외부 자극에 흔들리는 실체를 찾아 받아들여 불안을 다스리는 게 좋다.

프로이트는 불안을 '무의식이 보내는 경고 신호'로 보고, 세 종류로 나누었다. 첫 번째는 '현실적인 불안'으로, 불안의 원인이 실제에 있는 경우다. 밤늦은 시간, 으슥한 골목길을 걸어가고 있는데 위험한 물건을 든 덩치 큰 남자가 뒤를 바짝 쫓아온다. 이런 상황에서 느끼는 불안이 현실적인 불안이다.

두 번째는 '도덕적인 불안'으로, 도덕이나 양심의 기준대로 행동하지 않았을 때 생기는 죄책감에서 비롯되는 불안이다. 집으로 가는 길에 지갑을 주워 열어 보았더니 현금이 가득 들어 있다. 돈을 보는 순간, 경찰서와 반대 방향으로 걸어간다. 이때 느끼는 불안이 바로 도덕적 불안이다.

마지막은 '신경증적 불안'이다. 현실적인 불안에서 시작되지만 실제보다 더 많이 증폭되어 심리적 압박감이 느껴질 때의 불안을 말한다. 권위적이고 자기주장이 강한 사람을 보고 반사적으로 위축되어 아무 말도 하지 못한다. 과거에 강하고 고압적인 사람에게 억눌렸던 장면이 오버랩된 탓이다. 이런 경우가 바로 신경증적 불안에 해당하는 사례다.

사람들은 불안에서 벗어나고자 다양한 방어 기제를 사용한다. 일상에서 쉽게 만날 수 있는 방어 기제로는 이전 발달 단계로 돌아감으로써 현재의 불안을 회피하는 '퇴행', 수용하기 힘든 경험을 무의식 속에 눌러두는 '억압', 미운 놈에게 떡 하나 더 주면서 미워하는 상태 자체를 회피하는 '반동 형성', 용납할 수 없는 감정을 다른 사람 탓으로 돌리는 '투사' 등이 대표적이다. 격리, 취소, 부정, 합리화, 동일시, 지성화, 승화, 전치 등의 자아 방어 기제*들도 불안에 대처하기 위한 무의식적 장치다. 사람들은 저마다 즐겨 사용하는 방어 기제가 존재하며, 때론 상황에 따라 유동적으로 방어 기제를 변경한다. 불안과 관련해서 독일의 정신분석학자 카렌 호나이Karen Horney는 "불안은 인간 활동의 원동력"이라고 말했다. 불안하면 방어하기 위해 대비책을 세우고, 피해를 최소화하기 위해 움직이는 긍정적 기제가 존재한다는 뜻이다.

많은 사람 앞에서 발표하는 것은 누구에게나 약간의 불안을

---

* 자아 방어 기제란, 자아가 위협받는 상황에서 무의식적으로 스스로를 속이며 상처를 회피해서 자신을 보호하는 심리 의식이나 행위를 말한다.

일으킨다. 현실적인 불안은 발표 시 일어날 실수를 줄이고자 자료 조사를 열심히 하고 발표 준비를 제대로 하게 하는 순기능이 있다. 그러나 내면에서 불안이 증폭되면 '발표하다가 엄청난 실수를 할 거야', '머릿속이 하얘져서 바보처럼 서 있을 거야' 같은 파국적 사고로까지 번진다. 불안에 압도당한다는 것은 불안을 견디는 힘이 약하다는 증거로, 당연히 불안 상황에 대한 대비책을 준비하기조차 힘들어진다.

실체 없는 불안일수록 그림자가 크고 짙다

출근 준비 중이던 아침, 은경의 집에 갑자기 누수가 생겼다. 집주인에게 곧장 연락했지만 종일 답장이 오지 않았다. 답장을 기다리는 시간이 길어질수록 불안감이 커져 아무것도 손에 잡히지 않았다. 처음으로 독립해 얻은 집인 데다 공사 비용이 얼마나 나올지 전혀 예측할 수 없어 더욱 예민해졌다. 부정적인 생각이 꼬리를 물고 길어지다가 결국 오후에 변호사에게 전화 예약을 했다. 마음이 한결 편해졌다. 혹시 집주인과 갈등이 빚어졌을 때 믿을 구석이 생겼기 때문이다. 그러나 곧 집주인에게서 연락이 왔고, 집주인이 수리비를 부담하기로 하면서 별문제 없이 상황이

해결되었다. 불안을 못 견뎌서 변호사 상담 비용만 지불하게 된 셈이었다.

이런 일이 처음도 아니다. 지인의 소개로 입사한 회사에 출근한 첫날부터 긴장한 은경은 헛소리를 연발했다. 인사를 나누며 자기소개를 할 때 "잘 부탁드립니다"라고 하고 싶었는데, 너무 긴장한 나머지 "앞으로 제가 하는 일에 지장 없게 해주세요"라는 말이 튀어나왔다. 상사도, 직원들도 모두 당황했고 사무실 분위기는 싸늘해졌다. 은경은 순식간에 이상한 사람이 되었다. 불안감이 극에 달하자 통제되지 않은 무언가가 삐죽 밖으로 튀어나오며 벌어진 일이었다. 게다가 생각조차 해본 적 없는 말이었다. 안 그래도 불안감이 큰 편인 은경은 자신의 이런 점 때문에 더욱 불안했다.

불안을 해소할 수 있는 방법이 있을까? 자신의 내면을 찬찬히 들여다보면 덜 불안해진다. 관계에서 일어나는 불안은 외부를 신경 쓸수록 통제하기 어렵다. 불확실한 외부 세계와 예측되지 않는 타인에게 과도하게 집중하다 보면 혼란만 증폭된다. 이런 상황에서 불안을 관리하려 들면 사사건건 눈치를 보게 된다. 차라리 잠시 회피나 억압 같은 방어 기제를 사용하는 편이 도움이 된다. 불안을 관리하기 위해서는 외부로 쏠리는 시선을 거두고 먼저 자신을 응시해야 한다. 문제를 일으키는 마음을 직시해야 한다. 어찌 보면 인생은 불안과 함께 살아가는 과정이다. 불안을 어떻게 관리하느냐가 관건이다.

인생은 매번 새롭고 낯선 순간의 연속이다. 배우 윤여정은 2013년 방영된 예능 프로그램 〈꽃보다 누나〉(tvN)에서 다음과 같이 말했다. "나도 67세는 처음이야. 다 아프고 다 아쉬워. 아쉽지 않고 아프지 않은 인생이 어딨어?" 되돌아보면 나 역시 지금까지 한 번도 완전히 똑같은 상황에 놓이거나 같은 결론에 이른 적이 없었다. 우리 모두의 삶에는 항상 애매모호하고 불확실한 상황이 벌어진다. 우리 앞에는 예측할 수 있는 일만 나타나지 않는다. 상황에 따라 정답이 있을 때도 있지만 불확실한 경우가 더 많이, 더 새롭게 등장한다. 한 번도 경험해 보지 못한 미지의 세계와 마주하게 되는 것이다. 이렇듯 세상은 불확실한데 사람들은 불안을 회피한 채 확실하고 익숙하며 안정적인 것만 찾는다. 그러나 불확실성의 세계를 통제하기란 사실상 불가능하다. 그 속에서 휘청대며 흔들리더라도 중심을 잃지 않으면 훌륭하다고 할 수 있다.

영화관에서 영화를 보며 눈물을 흘리고 있는데 주변에서 그 누구도 울지 않고 있다고 생각해 보라. 왠지 '내가 느낀 슬픈 감정이 정말 슬퍼해야 하는 게 맞나?' 하고 자신을 의심하게 될 것이다. 그런데 다른 사람들도 눈물을 흘리고, 옆에 앉은 친구도

"너무 슬프지?" 하고 말하면 내가 느낀 슬픔은 타당성을 부여받고 나는 자신의 감정을 신뢰하게 된다.

마음의 성장은 모호하고 불확실하게 느껴질 수 있으나, 감정이 느껴지는 곳에서 '그럴 만하다'라는 타당성과 확실성을 찾아가는 과정이다. 어린 시절에는 부모에게 수용받으며 자기 확신을 갖게 되고, 청소년기에는 친구들과 어울리며 자기 타당성을 느끼게 된다. 마음은 타인과 상호 작용하는 과정에서 스스로에 대한 피드백을 얻고자 한다. 혼자서는 안 된다. 불확실한 마음에 공감해 주는 누군가가 필요하다. 매번 새롭고 모호하며 불확실한 세상에서 흔들리는 주체가 자기감정을 놓치지 않고 살아가기 위해서는 끊임없이 어떻게 해야 할까 고민해야 한다.

(HOW TO) — 다음에 해당하는 이들을 위한 실천 방안

- 불안감이 극에 달하면 머릿속이 새하얘지는 사람
- 말 한마디 못 하고 있다가 뒤늦게 하고 싶은 말이 떠올라 후회하는 사람
- 긴장하면 횡설수설 엉뚱한 소리를 하는 사람

(STEP) 1. 불안 상황에서 잠시 벗어난다.

위험한 환경에서 잠시 벗어나 마음을 달랜다.

2. 불안 밑에 감추어진 감정을 찾아낸다.

흔들리는 불안을 가라앉히고 그 이면에 어떤 마음이 있는지 살펴본다.

3. 감정의 내용에 맞는 이름을 붙인다.

감정을 정확한 언어로 명명하면 감정으로부터 심리적 거리감이 생긴다.

열심히 살았는데
어느 날부터
숨을 쉴 수 없어요

하윤은 결국 지난주부터 출근하지 못했다. 두 달 전 퇴근하는 길이었다. 지하철을 타고 가던 중 하윤은 갑작스레 가슴이 극심하게 답답해지는 통증을 느꼈다. 공포가 엄습해 오며 그대로 자리에 주저앉았다. 그 후로 정도는 약했지만 공황 증상이 몇 차례 더 나타났다. 언제 어느 때 그 증상이 나타날지 알 수 없어 더 불안했다. 그때부터 친구들과의 만남이나 운동, 쇼핑 등 그 어떤 것도 할 수 없었다. 하윤의 삶은 하루아침에 달라졌다. 작은 일도 부담스러워졌고, 직장에 출근하면 불안이 극에 달하며 과도한 긴장 상태가 지속되었다. 열심히 살아온 하윤은 자신에게 닥친 위기의 원인을 찾고 싶었다.

감성적이고 부끄러움이 많은 하윤과 달리 부모님은 계획적이고 성공적인 삶을 살았다. 강압적이지는 않았지만 어려서부터 하윤은 결정을 내려야 할 때마다 부모님의 조언을 거스르지 못했다. 다른 의견을 가지고 있다가도 부모님에게 설득되어 자신의 생각이 짧았다며 한발 물러섰다. 대학교를 선택하는 것부터 전공을 정하고 취업하기까지 부모님의 영향이 컸다. 전공으로 다른 분야를 선택하고 싶었지만 입 밖으로 꺼내지도 못하고 부모님의 의견을 따랐다. 대학을 다니면서는 휴학하고 해외여행을 길게 가보고 싶었지만 말도 꺼내지 못했다. 방학이면 친구들과 놀며 추억을 만들고 싶었으나 자격증을 따야 한다는 부모님의 조언에 더 바쁘게 지냈다. 생산성이 없거나 미래 계획 없이 시간을 낭비하는 것을 이해하지 못하는 부모님에게 하윤은 무조건 맞추며 살았다. 매번 이런저런 이유로 자신을 양보하며 살아온 것이다.

하윤의 마음은 존중받기보다는 외면당하고 분리당했다. 하윤이 하고 싶은 것과 실제로 선택한 것 사이에는 늘 거리가 있었다. 내면과의 단절은 정해진 수순이었다. 그렇게 쉴 새 없이 외면당한 마음이 결국 한계에 이르러 폭동을 일으키며 공황 증상이 나타난 것이다. 포기하고 억눌렸던 욕구들이 '더 이상 못 참아', '숨이 막혀 죽을 것 같아'라고 소리쳤다.

하윤은 공황 증상이 나타나고 나서야 심리 상담을 받고 마음을 돌보기 시작했다. 먼저, 상황 때문에 어쩔 수 없다고 여겼던 일들부터 돌아보았다. 과연 정말 어쩔 수 없었을까? 공황 증상 때문에 회사에 병가를 내고 집에 있는 동안 부모님이 간단한 자격증 시험을 준비하면 좋겠다고 말했다. 하윤은 용기를 내 부모님의 의견을 거절했다. 그랬더니 웬걸! 하윤의 의견이 너무나 흔쾌히 수용되었다. '말해도 받아주지 않을 거야'라고 지레짐작해 겁먹은 자신을 반성하며, 뒷전으로 미루었던 일들을 하나씩 해보기 시작했다. 하나하나 작은 일부터 실천하면서 점점 자신감이 붙었다. 그렇게 공황에서 한 발자국씩 멀어졌다.

공황 장애는 뇌의 신경 물질 이상으로 발생한다. 기질적인 문제가 아니어도 스트레스가 많이 쌓이면 결국 몸에 영향을 미치게 마련이다. 몸이 힘들면 마음에 여유가 없고 짜증이 많아지는 이유다. 공황 증상 때문에 상담실에 오는 사람들은 대부분 마음을 뒷전으로 한 채 너무 열심히 산다. 몸은 앞으로 멀리 나갔는데 마음은 저 뒤에 있으니 문제가 생긴다. 가슴이 답답하고, 체한 듯 속이 불편하고, 목이 조여드는 듯 숨 쉬기 힘들고, 토할 것 같고, 현기증이 나고, 머릿속이 하얘져서 아무것도 할 수 없고, 심장 박동이 빨라지고, 땀이 줄줄 흐르는 등 다양한 증상이 나타난다. 심한 경우, 밀폐된 공간에서는 숨을 쉴 수 없고 심장이 멎을 것 같은 공포를 느낀다. 이런 증상이 나타나지 않을 때는 증상이 재발할까 봐 걱정하는 예기 불안expectation anxiety이 심해져서 불안감을 느꼈던 장소를 회피하게 된다. 일상이 투쟁이 된다. 대형 마트나 백화점, 번화가처럼 사람이 많이 몰리는 곳에는 가지 못하고 엘리베이터, 터널, 세차장, 터널 같은 좁은 공간도 겁이 난다. 지하철, 비행기, 버스, 택시에서 증상이 나타나기도 한다. 남들에게는 편안한 일상이 나에게는 불편해지니 집 밖을 나서는 일 자체가 공포로 다가온다.

공황 증상에 많이 나타나는 공통점은 '숨을 쉴 수 없다'는 것이다. 숨이 막힐 듯한 공포는 내면에서 자아에게 보내는 구조 신호다. 인간이 이성과 감정 두 영역으로 구분된다고 보면, 머리는 이성의 영역, 몸은 감정의 영역이라고 할 수 있다. 머리와 가슴의 경계는 목이다. 공황은 이성과 감정의 소통에 발생한 문제다. 공황은 가슴속 내적 욕구들이 막혀서 발생한다. 지속적으로 억압받던 욕구들이 커져 반란을 일으키며 증상이 발현된다. 단단히 묶인 '나'의 위치와 원인을 파악하고 찾아내 풀어주고 구출해야한다.

영국의 정신분석가 도널드 위니컷Donald Winnicott은 1960년대 '거짓 자기the false self' 개념을 도입했다. 거짓 자기는 나의 중심을 위협하는 외적 요구가 발생했을 때 가면을 쓰듯 페르소나를 만들어 자신을 보호한다. 페르소나는 사회적인 요구에 따라 만들어지는 것으로, 진짜 자신이 들어 있지 않다. 모범생인 나, 착한 나, 1등 하는 나, 모두에게 사랑받는 나, 듬직한 나 등 노력해서 만든 모습이 들어 있다. 페르소나 뒤에는 또 다른 '나'가 존재한다. 사회에서 인정받는 페르소나를 만드느라 애쓰고 억눌린 마음이 모여 만들어진 '나'가 거기에 있다. '좋은 직장에 다니는 착한 딸로서의 나'의 이면에는 '자유롭고 싶고 부담스러워했던 나'가 있다. 보기 좋은 페르소나가 '나'의 전부라고 착각하면 진짜 자신을 잃어버리게 된다. 감정을 느끼며 살아가는 것은 당연한 일이다. 사회에서 인정하는 긍정적인 감정은 수용하고 사회에서 수용되지 않는 개인적 감정은 잘못되었다고 부정해 버리면 나중에 심리적인 문제가 생길 수 있다. 외부의 요구를 수행하면서 생긴 내면의 감정 역시 자신임을 인정해야 한다.

숨겨둔 마음을 되살리는 게 곧 나를 살리는 길

선경은 갑작스러운 이별 통보에 충격에 빠졌다. 함께 미래를 계획할 정도로 진지한 관계였는데, 어쩌다 연인과 이별하게 되었는지 알 수 없다. 헤어지자는 그의 말을 받아들일 수 없어서 습관적으로 녹음해 둔 마지막 통화 내용을 다시 들어봤다. 그런데 녹음된 음성 속 자신의 모습에 충격을 받고 말았다. 선경은 대화 도중 자꾸만 딴청을 피웠고 맥락에 맞지 않는 이상한 소리를 했다. 상대방은 앞으로 예상되는 현실적 어려움에 대해 이야기하는데, 선경은 그 모든 이야기를 농담처럼 받아들이거나 계속 화제를 바꾸려고만 했다. 그런 선경의 태도에 실망한 상대는 입을 다물어버리고 말았다.

그 녹음을 통해 선경은 자신의 모습을 직시하게 되었다. 자신이 연인을 배려하고 문제를 외면하지 않는 현명한 사람이라고 생각해 왔는데, 그 생각이 무너진 것이다. 자신이 생각해 온 모습과 반대로 그녀는 자기중심적이고, 힘든 일은 입에 올리기 싫어 외면하고, 진솔하지 못한 사람이었다. 스스로를 객관적으로 파악하게 되었다. 그런데 녹음을 듣고 난 후 선경에게 과호흡 증상이 나타났다. 그래서 상담실의 문을 두드리게 된 것이다.

상담을 하면서 선경이 숨기기에 급급했던 위축된 감정에 다가가도록 유도했다. 못 본 척 묻어두었던 마음을 끌어올렸다. 그곳에는 괜찮은 사람으로 살기 위해 억압해 온 또 다른 선경이 있었다. 많은 이들이 괜찮은 사람 혹은 좋은 사람으로 보이기 위해 노력한다. 그런 노력이 쓸모없는 것은 아니지만 그런 사람이 '되기' 위한 것과 그런 사람으로 '보이기' 위한 것은 맥락이 다르다. 타인의 시선과 사회적 가치를 중심에 두고 살아가면서 숨겨두었던 마음을 되살리는 게 바로 나를 살리는 길이다.

공황 증상은 타인의 기대를 충족시키거나 목표를 이루기 위해 감당할 수 없는 수준까지 참다가 터져 나온 결과물이다. 스스로 받아들이기 싫어하는 불쾌한 감정들이 그 재료다. 마음에서 자신을 돌봐야 한다는 신호를 이미 여러 차례 보냈는데도 달라지는 게 없으니 강한 증상으로 표출된다. 즉, 공황 증상은 무의식이 보내는 경고인 셈이다. 계속 그렇게 살면 위험하다고 경고해 삶의 태도를 바꾸게 하려는 것이다. 이런 면에서 번 아웃burnout과도 일맥상통한다.

삶의 중심축을 외부에서 내부로 옮겨야 한다. 큰 일부터 작은 일까지 남들의 눈치를 보고 남들의 기대에 과도하게 맞추려고 하다 보면 의무감이나 책임감이 커진다. 외부가 커지면 상대적으로 내면의 '나'는 작아진다. 개인의 욕구가 자연스레 억압되는 것이다. 정신의학자 마크 엡스타인Mark Epstein은 《지속의 존재Going on Being》에서 "주변 환경에 더 이상 얽매이지 않으니 활기가 생기고 균형이 잡혔으며 실제 세상의 자연성과 내가 타고난 본성이 유대감을 갖게 되었다"라고 말했다. 남에게 초점을 맞추면 나의 일부인 본능적 욕구가 무의식으로 가라앉으면서 자아의 힘이 약해진다. 그렇게 본능적인 활력은 사라지고 생기도 없어진다. 그러고 나면 오로지 의무만 남게 된다는 사실을 명심해야 한다.

HOW TO — 다음에 해당하는 이들을 위한 실천 방안

- 숨 쉬기 힘든 증상이 나타나는 사람
- 스트레스가 심하면 구토나 헛구역질을 하는 사람
- 사고가 일어날 것 같은 불안감과 공포에 휩싸이는 사람

STEP 1. 사소한 불편함을 자각한다.

타인의 요구에 너무 맞춰 살면 내면의 욕구가 잘 인식되지 않는다. 내 감정을 인식하는 게 늦어지는 것이다.

2. 불편함의 기저에 있는 감정을 찾아낸다.

기저에 있는 감정들은 내가 알아차리고 수용해야 할 내 마음의 중요한 조각들이다.

3. 부정적으로 경험된 감정을 존중한다.

불편함 밑에 숨어 있던 감정들을 받아들이는 것이 공황에서 벗어나는 길이다.

욕구를 참을 수 없어
아빠 카드를 몰래 썼어요

기은은 힘든 일이 생기면 뭔가를 사지 않고서는 견딜 수 없었다. 그날도 마찬가지였다. 힘들어서 도저히 참을 수 없었던 나머지, 아빠 카드로 새 스마트폰을 구입했다. 뭐라도 해야 마음이 가라앉을 것 같았기 때문이었다. 가족들 모두 이런 기은의 소비에 기막혀했다. 안 사면 죽을 것 같아서 산 건데 부모님에게 심하게 혼이 나 기은은 속상하기만 했다. 인간관계에서 갈등이 생기거나, 과제나 시험이 몰아칠 때면 기은은 쇼핑을 했다. 최근에는 부모님 몰래 학생 지원 대출까지 받았을 정도였다.

기은의 집안은 가족 사이의 대화가 많지 않았다. 특히 호기심

많은 기은이 말썽이라도 피우는 날에는 긴장감까지 느껴지는 적막이 집 안을 가득 채웠다. 엄마의 침묵이 깊어지는 날 저녁에는 어김없이 아빠에게 매를 맞거나 혼났다.

기은은 초등학교 고학년에 접어들었을 무렵부터 친구들과 잘 어울리지 못했다. 마음대로 풀리지 않는 친구 관계 때문에 기은이 울면 부모님은 맛있는 음식이나 기은이 좋아할 만한 물건을 사주곤 했다. 좌절감을 물건으로 채워서 행복해지는 경험을 한 것이다. 그때부터 기은은 물건을 통해 부정적인 감정을 달랬다. 부모님이 알면 혼난다는 걸 알면서도 당장의 욕구를 참지 못하고 '될 대로 되라'는 식으로 충동적인 소비를 이어나갔다.

기은은 스트레스를 담아낼 힘이 약해 행동화 acting out* 하고 있다. 기은에게는 믿고 의지할 만한 대상이 없다. 그런 상황에서 고통이 오면 회피할 물질 세계物質世界(의식 바깥에 객관적으로 존재하는 사물 현상)가 즉시 제공되었다. 당연히 좌절의 시간을 견딜 만

∗ 행동화(acting out)는 방어 기제 중 하나로 무의식적 충동이나 소망을 행동으로 표현함으로써 그와 연관된 감정을 느끼지 않으려고 하는 것이다. 화가 나면 참거나 말로 표현하지 않고 주먹으로 벽을 치거나 상대방을 때린다. 그러면서도 왜 화가 났는지 말로 설명하지는 못한다. 그것과 직접적으로 관련된 환상이나 충동에 얽힌 감정을 의식에서 인식하지 않으려고 행동으로 옮겼기 때문이다.

한 근력이 늘지 않았다. 자신의 한계에서 벗어나는 일에 부딪히면 충동적 욕구를 채워 해소하고자 했다. 어렸을 때의 좌절은 혼자 힘으로 버티기 힘들다. 믿을 만한 누군가에게 이해받고 수용되어야 고통을 견딜 수 있다. 스트레스 상황에 처하면 기은은 시간이 얼마나 흘렀는지도 모를 정도로 멍하니 앉아 있곤 했다. 마음의 중심이 기능하지 못하니 이런 행동이 나타나는 것이다.

어른의 마음과 아이의 마음을 비교해 보자. 충동적인 모습 없이 차분히 앉아만 있는 아이를 본 적 있는가? 주체의 힘이 약한 아이들은 충동적이다. 의식이 미약하니 통제되지 않는 무의식의 바다에 떠 있게 된다. 아이는 이성보다 감정의 힘이 크기 때문에 충동적일 뿐더러 감정 기복이 심하다. 좋으면 금방이라도 날아갈 듯 기뻐하고, 불만이 생기면 세상이 떠나가라 울어댄다. 몸과 마음 모두 극단적으로 받아들이고 극단적으로 표현한다. 이렇게 위아래 극단으로 흔들리는 불안정성은 생존을 위한 본능이라고 할 수 있다. 자아의 힘이 튼튼해져야 충동적인 흥분 상태에서 벗어날 수 있다.

그럼 어떻게 해야 충동적인 모습에서 벗어나 어른으로 성장하는가? 충동적인 불안 상태에서는 현실에 적응하기 어렵다. 현실에 두 발을 붙이고 단단히 서 있기 위해서는 표현과 수용의 경험을 쌓으면서 불안한 감정을 가라앉히는 연습을 해야 한다. 기은의 사례처럼 좌절을 회피하고 대체물로 빠르게 전환하려고 시도하는 것은 위험하다. 충동적인 감정들을 수용하면서 안정시킬 필요가 있다. 극단적인 감정들이 세분화되는 과정을 거치면서 아이는 어른으로 성장한다.

긍정적 감정은 사회적으로 수용되기 쉽기 때문에 심리적 문제를 일으키지 않지만 부정적 감정은 다르다. 특히 부정적 감정을 처리하는 과정이 중요하다. 견디기 힘든 좌절의 감정은 믿을 만한 사람에게 이해받고 수용되면 가라앉는다. 아이들이 울 때 "누가 그랬어? 혼내줘야겠네" 하며 토닥토닥 안아주면 금세 차분해진다. 좌절의 감정은 외면하거나 무시한다고 해서 사라지지 않는다. 무의식의 영역에 숨어 있다가 예상치 못한 이유로 불거져 더 크게 힘들었던 과거 속 갈등으로 넘어간다. 자아의 힘이 튼튼하면 충동적인 감정인 흥분 상태에서 벗어날 수 있다.

뉴욕에서 정신분석가로 활동 중인 호르게 드 그레고리오Jorge De Gregorio는《나의 이성, 나의 감성My Head and My Heart》에서 이성은 결코 감성을 이길 수 없으며 인간은 무의식의 노예라고 지적했다. 나의 정신에는 내가 알지 못하는 영역이 있다. 마음은 통제되는 마음과 통제되지 않는 마음으로 나뉜다. 심리학에서는 이를 의식과 무의식이라고 한다. 의식은 알고 있는 마음으로, 통제되므로 당연히 충동성이 적다. 의식의 영역이 넓은 경우, 어떤 욕구가 올라오면 외부의 상황이나 자신의 입장을 고려해서 판단을 내린다. 상황을 고려해 욕구를 선택하거나 유보 또는 포기하는 선택을 하는 것이다. 충동성에 지배당해 책임지지 못할 일을 벌이곤 한다면 의식의 힘이 약한 것이다.

혼자 있을 때 불쑥 과거에 실수했던 경험과 말이 떠올라 창피했던 적이 다들 한 번쯤 있을 것이다. 그런데 어떤 이들은 이때 창피함 이상의 감정을 느끼기도 한다. 심한 경우, 죽고 싶다는 충동적인 생각으로까지 흘러갈 정도로 우울감이 깊어진다. 이미 지나가 버린 일임에도 인간은 쉽게 무너진다. 자신을 상처 입히거나 괴롭히는 행동은 충동적일 때가 많다. 아무 문제 없이 하루를 보내다가도 순간적으로 치솟는 자극 앞에서 무력해지고 만다. 예전에 회피했거나 제대로 마무리하지 못한 일들은 시간이 흘러도 나에게 부정적인 영향을 미친다. '현재'의 문제를 마무리해야 '미래'의 내가 '과거'의 나에게 발목 잡히지 않는다.

고통 없는 성장은 없다. 만약 당신이 좌절의 순간을 경험하고 있다면 피하지 말고 겪어내기 바란다. 그리고 다음 단계를 만들어 나가기를 바란다. 만약 당신이 과거의 기억을 소화하지 못하고 있다면, 믿을 수 있는 대상(가족, 친구, 상담가 등)과 함께 과거의 순간으로 돌아가 보기를 바란다. 좌절의 감정을 재차 경험하면서 그 순간으로부터 자유로워지는 것이 치유의 시작이다. 그렇게 좌

절 속에서 자아의 힘을 키워야 충동성을 조절할 주체가 바로 서
게 된다.

HOW TO ── 다음에 해당하는 이들을 위한 실천 방안

- 스트레스를 받으면 쇼핑을 비롯해 충동적인 행동을 해야
  만 풀리는 사람
- 긴장이나 불안을 못 견디는 사람
- 술을 먹으면 통제 불능의 행동을 하는 사람
- 감정을 통제하기 힘들 때 문제를 일으킬까 봐 두려운 사람

STEP 1. 외부의 자극에 대한 반응을 반으로 줄인다.

반응 시간, 말, 웃음을 반으로 줄인다. 외부에 대한 반응을 줄
이고 긴장을 버려본다.

2. 불편한 마음을 느껴본다.

느리게 반응하면서 불편한 마음과 마주한다.

3. 좌절된 감정을 구체화한다.

우울, 분노, 죄책감, 수치심 등 자신이 느끼는 감정이 구체적
으로 무엇인지 고민해 본다.

자아 팽창,
한계가 없어요

수현은 넘치는 에너지로 사람들에게 밝은 기운을 주는 사람이다. 그런데 최근 사람들에게 변했다는 소리를 자주 들었다. 원하던 것을 다 이루고 한시름 놓을 만하니 아무것도 하고 싶지 않아진 것도 사실이었다. 다부진 체격의 수현은 무기력함을 호소했다. 말의 속도가 빠를 뿐만 아니라 내용을 설명하는 데도 군더더기가 없었다. 몇 년간 전문 자격증을 따려고 공부하면서 좌절을 겪기도 했지만 그때마다 오히려 도전 정신이 끓어올랐다. 문제에 부딪치면 해결 방법을 찾으며 활력을 얻기도 했다. 그에게 삶은 계속해서 한계를 뛰어넘는 과정이었다. 그렇게 해서 무언가를 성취하면 세상 어느 것과도 바꿀 수 없는 희열을 느꼈다. 성취감에 중독되어 있었던 것이다. 한순간 넘치던 에너지가 고갈된 듯 무기력해진 자신의 모습을 다잡아 보려고 애쓰지만 수현은 어찌할 바를 모르겠다며 한숨을 쉬었다.

사실 문제 상황에 대처하는 수현의 모습을 건강하다고 보기 어렵다. 청소년기에 수현은 피어싱을 하며 스트레스를 풀었다. 성인이 되어서는 폭식과 운동을 반복하며 스트레스를 해소했다. 폭식이 시작되면 하루에도 몇 시간씩 미친 듯이 운동해도 통제되지 않아 죄책감과 자괴감에 시달리기도 했다. 그렇게 겨우 숨통만 트며 살아왔는데도 그는 별일 아니라는 듯 가볍게 웃으며 말했다. 여러 군데 남아 있는 피어싱 자국도, 폭식과 과도한 운동도 자기 학대의 증거인데 말이다.

그의 삶은 성찰보다는 한계에 도전하는 과정이었다. 한계 없는 극한의 세계를 달려오다가 제동이 걸리며 무기력한 모습이 나타난 것이다. 수현은 주어진 일을 어떻게든 완벽하게 처리하면서 "대단하다"는 찬사를 들어왔다. 하지만 정작 가장 가까운 연인에게는 말도 안 되는 고집을 부리고 화가 나면 제멋대로 소리를 질렀다. 잘못을 저지르고도 자존심이 상한다는 이유로 제대로 사과하지 않아 매번 갈등을 빚었다. 그 누구도 수현에게 이런 모습이 있는지 상상조차 못 했다. 잘나고 멋진 모습은 외부에 드러내지만 충동적이고 제멋대로인 면은 숨기기 바빴으니 당연한 일이다. 수현의 삶은 빛과 그림자가 극단적으로 나뉘었다. 긍정적인 면만 받아들이는 반쪽 인생을 살아온 셈이다. 이제 나머지 반쪽이 무기력함과 우울로 드러난 것인데도 인정하려 들지 않았다. 위축과 팽창은 동전의 양면 같다. 앞이 자아 팽창이면 뒤는 위축 상태다. 자아 팽창이 클수록 숨겨진 위축도 크다.

언제 어디에나 더 좋은 것이 존재한다. 더 나은 것만 추구하면 당연히 한계가 없다. 원하는 것을 손에 넣어도 끊임없이 더 나은 것만 원한다면 갈증이 날 수밖에 없다. 야망은 긍정적인 힘이지만 자신을 손상시키면서까지 매달리면 문제가 된다. 한계를 넘어서는 순간 느끼는 만족감과 희열은 짜릿하다. 하지만 끝을 알수 없는 욕망 앞에서는 현실적인 안정감을 찾기 어렵다. 이런 상황에서는 당연히 불안이 동반된다. 현실적인 자기 한계를 감안하지 않기 때문에 문제가 생기는 것이다.

아이들은 세상에서 가장 중요한 사람으로 대접받는 팽창된 자아를 경험해야 세상 밖으로 나갈 용기를 얻는다. 팽창의 경험이 외부 세계로 당당하게 나아갈 수 있는 원동력이 되고, 실패 앞에서도 '괜찮아. 다시 하면 되지. 잘할 수 있어' 다독이며 일어설 에너지가 된다. 그러나 어른으로 성장하기 위해서는 '세상의 주인공은 나'라고 믿었던 아이들의 팽창된 자아상이 깨져야 한다.

좌절의 경험은 공기로 빵빵하게 채워진 풍선에서 바람이 빠지며 작아지는 것과 비슷하다. 집에서는 모두 자신만 쳐다보며 "잘한다, 잘한다" 했는데 외부 세계로 나가보니 나보다 뛰어난 아이들이 많다는 사실을 알게 되면서 충격을 받는다. 대단하다고 여겼던 자아상에 균열이 가기 시작한다. 내가 대단히 특별한 사람이 아니라는 사실을 깨닫고 좌절과 시련을 겪는다. 외부 세계에서는 집에서처럼 다들 나만 쳐다보고 있지 않다는 것을 인정하는 과정이다. 그러면서 남들과 같은 평범한 한 사람으로, 전체가 아닌 하나의 구성원으로 존재함을 깨닫는다. 조금씩 좌절을 받아들이면서 '대단한 나'가 아니라 '평범한 한 사람'으로 현실에 적응하는 것이다. 무엇이든 다 잘할 것 같았는데 생각보다 평범하거나 남들보다 부족한 모습을 직시하게 된다. 자신에게 실망하고 좌절하면서 빵빵하게 부풀어 붕 떠 있던 모습이 작고 조심스러워진다. 성장 과정에서 자아 팽창이 자연스러운 과정이었던 것처럼 작게 위축되는 과정도 자연스럽게 받아들여야 한다. 이때 믿고 의지할 만한 대상의 "그래도 괜찮아", "못할 수도 있지", "처음이니까 못하는 게 당연해" 같은 지지가 필요하다. 그래야 좌절을 자연스레 수용할 수 있다. 기고만장했던 각 가정의 공주님과 왕자님은 좌절을 겪으며 한 뼘 자란다.

완벽주의란 얼마나 연약한가

승진은 자신뿐만 아니라 다른 사람에게도 최고의 상태를 요구했다. 그래서 힘들었다. 주변에 제대로 된 사람이 없는 것 같았고, 그 누구도 믿을 수 없었다. 극도로 예민해진 그는 심리 상담을 받아보기로 마음을 먹었지만, 상담자를 얼마나 믿어야 할지 확신이 없었다. 그동안 승진이 만나온 사람들은 하나같이 실망과 좌절을 느끼게 했기 때문이다. 승진의 세상에는 온통 나쁜 사람들뿐이었다. 엄격한 도덕적 잣대로 인해 승진의 인간관계는 피상적이었다. 혼자 지내는 시간이 길어질수록 내면의 환상이 견고해져 그는 자신처럼 좋은 사람들이 모인 곳에서 살고 싶다는 꿈을 꾸게 되었다. 한계 없이 완벽한 순백의 삶이 바로 그가 원하는 삶이었다.

건강을 위해 헬스장을 다니면서부터는 '완벽한 모습'을 추구했다. 하루 중 많은 시간을 할애해서 치열하게 운동하고 한 치의 오차도 없이 식단 조절을 했다. 목표치에 이르기까지 보조 식품의 도움을 받는 것은 물론, 고통스러운 시술까지 감수했다. '한계를 극복한 위대한 나'를 추구한 것이다.

완벽을 추구하기에 해야 할 일이 너무 많아서 시간을 함부로 쓸 수도 없었다. '도전하면 이루지 못할 것이 없다'는 신념하에 자신을 압박하면서 살았건만 성취감은 순간적이고, 살아오면서 행복감을 느껴본 적이 없는 것 같았다. 게다가 바쁘게 살다 보니 에너지가 고갈되기 일쑤였다. 그러다가 몇 년 전부터 부정적 감정이 완벽하게 통제되지 않고 밖으로 새어 나왔다. 그 후부터 철저하게 자기표현을 차단한 채 불편한 감정이 들 때마다 관계를 단절했고, 그의 인간관계는 더욱 각박해졌다. 이런 자신의 모습에 지쳐 심리 상담을 받기로 결심한 것이다.

단점 없는 완벽한 모습은 현실에서 존재 자체가 불가능한 마술적인 사고다. 100퍼센트를 삶의 기본값으로 두고 추구하면 만족감을 얻기가 굉장히 힘들다. 가치란 반드시 100이어야만 얻을 수 있는 관념이 아니다. 10이어도 거기에서 가치를 찾을 수 있고 만족감을 얻을 수 있다.

어린 시절부터 엄격한 부모님 아래에서 칭찬 같은 긍정적 지지를 받아본 경험이 적었던 승진은 자랄수록 이상이 높아지고 완벽주의가 견고해졌다. 그러나 사실 그에게 필요한 것은 '잘했다'는 칭찬이 아니라 지지와 공감이었다. 그 부분이 채워지지 않으니 높은 이상을 추구하고 그에 짓눌리기를 반복했다. 승진은 완벽하지 않은 자신의 모습도 그 자체로 충분하다는 사실을 깨달으며 변화하기 시작했다. 본인에 대한 잣대가 엄격해 타인을 대하는 태도 또한 엄격했음을 받아들이고, 완벽해지기 위해 부단히 애쓴 과거 자신의 노고를 인정했다.

완벽을 추구하게 되는 까닭이 무엇일까? 인간의 정신이 발달하는 과정에서 완벽함을 추구하는 것은 어느 단계에 해당할까? 완벽함을 추구할수록 작은 부족함도 큰 부담으로 작용해 못 견디게 된다. 단점이 신경에 거슬려 다음 단계로 넘어가지 못한다. 과제를 90퍼센트 준비했어도 10퍼센트가 부족하면 마감 기한이 되어도 제출하지 못한다. 완벽하지 못하다는 사실이 스스로 용서되지 않기 때문이다. 정해진 그날의 계획을 잘 수행해야 하는데 늦잠이라도 자면 하나가 틀어졌다는 이유로 모든 계획을 포기해 버린다. 침대에 누운 채 하루를 다 망치는 것도 완벽주의의 한 모습이다. 그래서 좌절을 허용할 줄 알아야 한다.

좌절을 통해 우리는 완벽한 이상 세계에서 완벽하지 않은 현실 세계로 내려오는 경험을 한다. 불의를 보면 세상을 구하는 심정으로 분노하며 뛰어들거나, 자신을 공자나 맹자와 비교하는 것도 일종의 자아 팽창이다. 결점 없는, 무엇이든 잘하는 사람이 되고 싶다는 열망도 마찬가지다.

잘 살아가기 위해 우리 삶에 주어지는 숙제는 완벽해지는 게 아니라 온전해지는 것이다. 누구나 장단점이 있는 것처럼 감정에도 긍정적인 부분과 부정적인 부분이 있다. 이렇듯 양가감정을 가져야 삶의 복잡성에 유연하게 대처하며 살아갈 수 있다. 건강한 정신은 부정적인 좌절을 겪어내는 힘이라는 것을 기억하자.

HOW TO — 다음에 해당하는 이들을 위한 실천 방안

- '대단한 나'와 '위축된 나'가 동시에 있는 사람
- 기분이 고조되면 뭐든지 다 이룰 수 있다고 생각하는 사람
- 실수나 좌절을 겪으면 과하게 위축되는 사람

STEP   1. 위축된 좌절의 경험을 찾는다.

좌절의 경험이 없는 사람은 없으며, 저마다 혹은 때마다 느끼는 좌절감의 강도도 다르다.

2. 좌절 속에 묻어두었던 감정을 구체적으로 마주한다.

좌절은 단 하나의 감정으로만 이루어져 있지 않다. 슬픔과 분노 등 다른 감정들이 뒤섞여 있을 수도 있다.

3. 좌절로 인한 감정을 믿을 만한 사람과 함께 나눈다.

부정적인 감정은 묻어두려 하는 경우가 많다. 하지만 치유는 감정을 타인과 나누고 소통함으로써 시작된다.

두 번째 마음 상담소

당신만을 위한 마음 상담소가 열렸습니다. 다음의 질문지를 읽고 자유롭게 답변해 보세요. 대답을 원하지 않는 질문이 있다면 대답하지 않아도 좋습니다. 글이 어렵다면 그림이나 말로 표현해도 괜찮습니다.

1. 당신이 의존하고 있는 대상이 있나요? 있다면 누구인가요?

....

....

2. 당신은 무엇에 중독되어 있나요? (ex. 술, 담배, 아이돌, 드라마, 연애 등)

....

....

3. 스트레스가 심할 때는 어떤 방법으로 해소하나요?

....

....

....

4. 당신은 어떤 모습의 '나'를 꿈꾸나요? (ex. 모두에게 사랑받는 나, 1등을 하는 나 등)

....

....

5. 당신이 꿈꾸는 '나'와 현실의 거리감은 어느 정도인가요?

....

....

6. 충동적으로 행동한 경험이 있다면 서술해 주세요.

....

....

7. 나답게 살았다고 생각되는 때는 언제인가요?

....

....

 감정에는 옳고 그름이 없습니다. 우리는 시시각각 변하는 존재예요.
이제는 달라지는 '나'를 받아들일 시간입니다.
지금 마음 아파도 당신은 결국 괜찮아질 거예요.

3장

자기만의 방에
갇힌
어른들

스스로
이성적이라고 믿는 사람이
위험한 이유

성훈은 프로그램 개발자다. 어렸을 때부터 컴퓨터에 관심이 많았고 회사에서도 만족스럽게 일하고 있었다. 그러다 갑작스럽게 죽고 싶다는 생각이 자주 들어 한 달간 휴직하고 본가에서 푹 쉬었다. 그런데 휴직기가 끝난 후 출근하는 날 아침, 사고가 났다. 힘들다는 생각은 했지만 자기도 모르게 자살 기도를 한 것이다. 다행스럽게도 친한 동료가 출근길에 성훈의 집에 들렀다가 발견해 무사할 수 있었다.

문제는 1년 전, 관리자로 승진한 후부터 시작되었다. 성훈은 업무를 조율하는 도중 발생하는 갈등이나 긴장을 견딜 수 없었다. 문제가 해결되기 전까지는 머릿속이 그에 대한 생각으로 가득 차 있다.

스스로를 이성적이라고 생각하는 사람들은 감정적으로 흔들리는 것을 별로 좋아하지 않는데, 성훈도 그랬다. 학창 시절에는 월등하게 공부를 잘해서 주변 사람들의 관심과 사랑을 듬뿍 받았다. 자라면서 형제들 혹은 다른 사람들과 갈등을 겪기도 했지만, 부정적인 감정이 올라오면 무조건 자리를 피했다. 감정을 드러내서 서로에게 좋을 리 없다고 생각했기 때문이다. 감정이 가라앉고 차분해지면 어떤 문제든 합리적으로 해결할 수 있다고 생각했다. 취직한 후에도 개발 능력을 인정받으며 사람들과 소통하는 데 큰 문제가 없었다. 자신에게 문제가 있다고 생각해 본 적은 더더욱 없었다. 그러다가 한순간에 무너져 버린 것이다.

통제력을 상실한 사람들 중 많은 이들이 자신을 이성적이고 합리적이라고 자부한다. 아이러니한 일이다. 일 처리는 잘하지만 대인 관계에서 어려움을 겪어 '차라리 감정이 없어졌으면 좋겠다'고 말하는 사람도 있다. 이들은 객관적이고 합당한 이유가 명백할 때는 감정을 솔직히 말하는데, 뚜렷한 근거 없는 주관적 감정은 부적절하다고 판단한다. 부정적인 감정은 더 말할 것도 없다. 성훈의 경우도 마찬가지였다. 그는 자신만 사소한 부분까지 신경 쓰고 예민한 것 같다며, 자신이 지나치게 소심한 게 문제라고 말했다.

인간은 감정을 외면한 채 이성만으로 살아갈 수 없다. '인간다움'의 기초는 감정에서 시작된다. 감정은 인간을 인간답게 만드는 중요한 요소다. 감정을 배제하고 이성으로만 생각하고 판단하며 살아간다면 로봇이나 다름없다. 주변에서 로봇 같은 사람을 본 적 있을 것이다. 정치나 경제 이야기, 부동산이나 주식에 대한 자신의 견해는 잘 표현한다. 사건의 옳고 그름에 대한 양비론*적 입장도 잘 말한다. 객관적이고 합리적인 판단도 잘한다. 그러나 주관적 감정을 나누고 표현하는 것은 어려워한다. 감정을 느끼고 표현하고 소통해 본 적이 별로 없기 때문이다.

감정을 억압한다고 해서 바로 기계 같은 사람이 되는 건 아니다. 오랜 시간 감정을 억압할수록 자신과 멀어지고 점차 감정을 알아채는 능력이 부족해진다. 그러다 보면 이성적인 것만 우위에 두고 감정을 차단하게 되어 소화되지 못한 충동적 감정에 휩쓸리기 쉽다. 자신의 감정이 빈약하다 보니 당연히 타인의 감정을 읽고 이해하는 데도 심각한 어려움을 겪게 된다.

---

* 양비론(兩非論)은 서로 충돌하는 두 의견이 모두 틀렸다고 주장하는 이론을 말한다. 양비론을 주장하는 사람들을 인터넷에서는 흔히 '모두까기 인형'이라고 부른다.

이성과 감성의 적절한 균형을 찾아서

태준은 평소에는 멀쩡하지만 사람들의 시야에서 벗어나면 자신을 통제하기 힘들었다. 좋은 집안에서 순탄하게 자란 태준은 학벌도 좋고 직업도 좋았다. 회사에서는 물론이고 친구들 사이에서도 자기표현을 잘해 별문제 없이 살았다. 위축되거나 불안한 면도 없었고 정말 잘 지냈는데, 언젠가부터 사람들의 시선이 적은 곳에만 가면 슬금슬금 충동성이 올라와 스스로 통제하기 어려웠다. 해외 출장을 가거나 혼자 여행을 가면 평소에는 눈길도 주지 않던 나이트클럽에서 이성을 만나 즐기기 바빴다. 통제를 벗어나 빈틈이 생기면 억압했던 욕구가 삐져나왔다. 그렇다고 새로운 사랑에 빠지고 싶다거나, 비도덕적인 행동을 하고 싶지는 않았다. 단지 서너 시간 동안 이성들과 웃고 떠들며 놀다가 홀로 호텔에 돌아왔다.

그런데 주변 사람들의 시선을 피해 충동에 무너지던 태준의 삶에 브레이크가 걸렸다. 해외에 나갈 때마다 연락이 잘 안 되는 문제로 연인과 다투다가 나이트클럽에 놀러간 것까지 들키고 말았다. 태준은 자신이 너무 형편없는 사람이 된 것 같아 견딜 수 없었다.

태준은 단정하고 바른 이미지 뒤에 여러 감정을 숨겨두었다. 억울함에 친구를 한 대 치고 싶었지만 꾹 참았던 적, 거절하고 싶었는데도 결국 무리한 부탁을 들어준 기억, 이해되지 않는데도 공감하는 척 고개를 끄덕였던 기억 등이 그렇다. 태준은 자신이 이렇게 까다롭고 불평불만이 많은 사람인 줄 몰랐다고 토로했다. 아무렇지 않게 넘겼던 기억이 파도처럼 몸을 불리고 태준을 덮쳐와 사람들의 시선을 피해 표출할 수밖에 없는 지경에까지 이르렀다. 이성적으로 행동하고 있다고 생각했건만, 이성에 감정이 짓눌린 상태였다.

이성을 중요시하는 이들일수록 좌절이나 불편함에 초점을 두고 살펴봐야 한다. 그 속에서 짓눌린 감정의 조각을 발견할 수 있기 때문이다. 감정은 통제하거나 다스릴 수 있는 영역 밖의 일이다. 우리는 어떤 경험을 할 때 주관적인 가치 판단을 바탕으로 자신을 보호한다. 가령 외진 골목길에 들어섰는데 '무섭다'고 느껴지면, 무섭다는 감정은 그곳에서 '빨리 피하라'는 판단을 내린다. 사람을 만났는데 '기분이 좋다'고 느껴지면, 함께하고 싶다는 판단으로 행동을 선택하게 된다. 즉, 감정은 '나에게 무슨 일이 일어났는지' 알려주고 현실에서 '내가 무엇을 할 것인가'에 대한 주관적 판단을 내리기 쉽게 정보를 제공한다. '나답게' 살아가는 데 중요한 돌다리가 되어주는 것이다. 남들이 어떻게 하든, 객관적 상황이 어떻든 간에 내가 어떻게 살아갈지에 대한 기준과 입장을 가질 수 있게 돕는다. 자신이 느끼는 마음, 그것이 바로 '나' 아닐까?

(HOW TO) — 다음에 해당하는 이들을 위한 실천 방안

- 객관적인 이야기는 잘하는데 자기 이야기는 못 하는 사람
- 어떤 사건에 대해 자기 입장은 없고, 양비론적으로 말하는 사람
- 우선순위를 정하는 데 어려움을 겪는 사람

(STEP) 1. '나는'이 주어가 되는 주관적인 이야기를 한다.

타인이 주어가 되었던 사람일수록 자신을 주어로 말하는 연습이 필요하다. 어릴 적에는 세상의 중심이 '나'였다가 결국 바깥으로 밀려나 '나'를 잊은 사람들이 많다.

2. 옳고 그름의 잣대보다 좋고 나쁜 부분에 초점을 둔다.

'잘'과 '못'의 잣대보다 '호'와 '불호'의 가치가 우리 삶을 더 풍성하게 만든다.

3. 객관적인 이야기보다 스몰 토크에 집중한다.

사소하고 일상적인 이야기는 긴장감을 풀어주고 분위기를 환기시키는 데 도움이 된다.

평범함은
너무 별로예요

영진은 자신이 남들보다 뭐든 잘하는 줄 알았다. 그러다 고등학교에 진학한 뒤 자신이 공부를 잘하는 편이 아니라는 사실을 알게 되었다. 스스로가 너무 보잘것없이 느껴졌다. 중학생 때까지는 나름대로 자부심이 있었는데, 고등학생이 된 후에는 노력만큼 성적이 나오지 않았을 뿐더러 교실에서 눈에 띄는 학생도 아니었다. 자신이 평범한 '학생 1'이 된 느낌을 견딜 수 없었다. 영진은 남들보다 잘하는 것을 찾다가 오락부장을 맡으면서 교실에서 존재감을 드러내기 시작했다. 성적이 우수하지는 않았지만 오락부장을 한 덕에 친구들의 관심을 얻고 자신감을 되찾았다.

그런데 대학에 입학해 보니 고등학교 시절에 비할 바 없이 뛰어난 이들이 더 많았다. 간신히 쌓아 올렸던 자신감은 사람들의 시선 밖에 놓이자 손쉽게 무너졌다. 영진은 사람들의 관심을 쫓아 움직였다. 음악적 재능이 없는데도 음악 동아리에 들어가 노래를 부르기도 했다. 취업한 뒤에도 이러한 행동 양상은 크게 달라지지 않았다. 회사에서도 동료들의 관심을 받고 싶은데 이젠 뭘 어떻게 해야 할지 알 수 없었다. 그렇다고 대단한 사람이 되고 싶은 것은 아니었다. 명성을 떨치며 유명인이 되고 싶기보다는 단지 자신이 속한 무리의 중심이 되지 않으면 스스로 무가치하게 느껴질 뿐이었다.

영진은 이름만 대면 누구나 알 법한 좋은 직장에 다니고 외모도 번듯해 표면적으로 나무랄 데 없는 사람이다. 하지만 자신을 초라하게 인식해 잔뜩 위축되어 있었다. 특별 대우를 받아야만 존재 가치가 있다는 무의식적 신념이 그를 괴롭혔다. 머리로는 자신이 평균 이상에 속한다는 사실을 알고 있으면서도 좀처럼 받아들이지 못했다.

영진은 부끄러움 많고 자신감 없는 모습을 감추기 위해 속으로는 덜덜 떨면서도 겉으로는 아무렇지 않은 척했다. 학교 행사가 있을 때는 청심환을 먹으면서까지 대범한 척했다. 오직 사람들의 환호와 갈채를 받기 위해 애썼다. 사람들 앞에 설 때 기쁘면서도 두려운, 상반된 두 마음이 공존하는 것이 당연한데 그는 찬사를 받는 면만 진정한 자신이라고 생각했다. 그러나 외부의 평가가 한 인간을 가치 있게 만드는 기준은 아니다. 한 사람에게 존재하는 다양한 측면과 특성이 그 사람을 자기답게 만든다는 사실을 받아들여야 타인의 시선에서 자유로워질 수 있다.

외부의 영향을 많이 받는 사람들은 항상 남과 자신을 비교한다. 뛰어난 사람에게는 열등감을 느끼고, 자신보다 못하다고 생각되는 사람은 무가치하게 여겨 무시한다. 비교의 덫에 걸려 있으면 비교 대상인 사람들은 자신의 삶을 잘 살아가고 있는데 정작 나만 위축될 수밖에 없다. 타인과의 비교는 항상 모자람을 느끼게 한다. '더' '잘'해야 할 것 같다는 갈증을 느끼게 한다. 하지만 사실 비교하고 동경하는 그 대상의 속내 역시 우리와 별반 다르지 않다.

우리네 인생은 지극히 평범한 일상의 연속이다. 특별하고 신나는 일에만 행복해하고 평범한 일상은 불행하다고 여긴다면 아마도 대부분의 사람들이 불행할 것이다. 평범함을 초라함과 동격으로 여기면 평범한 삶을 무가치하다고 인식하게 된다. 자아상의 기대치가 높아지면 자연스럽고 평범한 삶을 부족하고 잘못된 삶이라고 여기는 오류를 범한다. 평균치의 삶을 살면 잘 사는 것이다. 필요에 따라 두세 사람 몫을 할 때도 있고 어떤 때는 한 사람 몫도 채 하지 못할 수도 있지만, 전체적으로 삶의 균형을 잃지 않고 있으면 잘 살고 있는 것이다.

봉준호 감독의 영화 〈기생충〉은 빈부 격차와 인간 소외 문제를 주제로 한다. 대저택과 반지하방의 대비, 품격 있는 상류층과 거칠고 천박한 하류층의 비교는 누구라도 공감할 만한 보편적 감수성에 기초한다. 연령, 인종, 성별을 막론하고 공감대를 형성할 토대를 갖추고 있다. 인간의 정신도 마찬가지다. 누구나 더 나은 것을 갈망하고 때로는 자신과 타인을 비교하며 자괴감 혹은 우월감을 느낀다. 이런 감정은 누구에게나 있는 보편적인 마음이다. 그 위에 개인의 특수성이 얹어지면 건강한 자아로 거듭날 수 있다. 여기서 말하는 보편적 마음이란, 인간이 느끼는 희로애락의 감정을 존중하는 것이다. 그것이 바로 인간성의 바탕이다. 보편적 감정을 무시한 채 특별함만 추구한다면 결국 본성에서 이탈하게 된다.

왜곡된 자아상으로 인한 우월감과 열등감의 오류

준규는 학창 시절에 자신보다 부족하다고 생각되는 친구들만 사귀었다. 동시에 내심 열심히 살지 않는 친구들을 한심하다고 무시했다. 학교에서는 같이 어울리며 잘 지냈지만 방과 후에나 방학 때 친구들과 따로 만나거나 연락을 하지는 않았다. 사실 공부 잘하고 운동 잘하는 인기 있는 친구들과 친해지고 싶었지만 차마 다가갈 수 없었다. 자기보다 못난 친구들과 있을 때는 자신이 괜찮은 사람이 된 것 같았지만, 뛰어난 친구들을 보면 한없이 작아졌다. 인기 있는 친구들이 말을 걸어도 자신이 초라하게 느껴져 멀리하려고 애썼다. 그래서인지 학년이 바뀌면 어울리던 친구들과 멀어지고 혼자 남겨졌다.

인간관계가 좁아진 지금은 비교할 대상이 없으니 TV 속 상황이나 연예인들과 자신을 비교한다. 멋진 집, 엄청난 재력, 좋은 학력, 뜨거운 인기, 출중한 외모가 없는 자신에게 화가 나고 박탈감과 위축감이 들어 TV를 오래 보지도 못한다. 그렇게 준규는 특별함을 추구하는 질투심에 세상으로부터 고립되고 말았다.

준규는 어려서부터 부모님에게 "○○보다 잘하네", "○○보다 떨어지니 못난 거야"라는 말을 들으면서 자랐다. "○○보다 잘한다"라는 긍정적인 비교가 많았기에 부모님의 이런 말들이 문제라고 생각하지 않았다. 그런 말을 들으면서 준규는 부모님이 그랬듯 매사 타인과 자신을 비교하는 데 익숙해졌다. 일례로, 자신보다 영어를 못하는 동생은 발음이 구리다며 비웃거나 암기력이 좋지 않은 친구를 두고 머리가 왜 저렇게 나쁘냐고 생각했다. 그러면서 스스로를 뿌듯하고 자랑스러워했다. 준규는 항상 남들과 비교하며 자신을 확인했다. 남보다 잘할 때는 멋진 존재, 못할 때는 못난 존재로 여겼다.

칼 융Carl Jung은 "부모는 자식의 신경증을 일으키는 가장 주요한 원인이 자신이라는 사실을 항상 인식하고 있어야 한다"고 말했다. 모든 심리학 이론에서 양육자의 역할을 강조하는 것만 봐도 자녀의 성격과 자존감에 부모가 많은 영향을 미친다는 것은 엄연한 사실이다. 비교가 일상인 가정 환경에서 자란다면 자기도 모르게 '비교하는 자아상'이 자리하게 된다. 내면의 자아상은 부모에게 받은 대우에 따라 자신을 어떻게 느끼는지가 반영되어 형성된다.

우리 사회에는 언젠가부터 남들보다 잘해야 한다는 분위기가 만연해 있다. '남들보다'라는 비교가 시작되는 순간부터 수직적인 서열을 매기게 된다. 나보다 위에 있는가 아래 있는가에 따라 자존감이 위아래로 움직인다. 상대가 나보다 잘하면 열등감이 들고 위축되지만, 상대가 나보다 못하면 우월감이 들고 상대를 멸시하게 된다. 순위를 매기면서 우월감과 열등감을 반복하는 것이다. 자존감이 제대로 형성되었다면 반복되지 않을 현상이다.

미국의 사회학자 찰스 쿨리Charles H. Cooley는 거울 자아 이론 Looking Glass Theory을 통해, 자아는 타인과 유기적인 관계를 맺으며 성장한다고 주장했다. 마치 거울을 보는 것처럼 다른 사람들이 나에게 기대하는 모습으로 자아상을 형성해 간다는 것이다. 다른 사람이 자신을 긍정적으로 인정하면 긍정적 자아상이 형성되고 부정적으로 여기면 자아상도 부정적으로 형성된다. 타인의 평가 가 자아상의 거울이 된다. 우리는 타자라는 거울을 통해 자신의 정체성을 찾아나간다. '넌 부족해. ○○을 못해'라는 메시지를 계 속 받으면, 무의식적으로 자신은 부족하고 못난 존재라고 인식하 게 된다. 비난을 많이 받으면 무슨 일을 하더라도 비난받을까 봐 겁내는 사람이 된다. 거절을 많이 받으면 거절당할까 봐 지레 겁 내는 사람이 된다. 이처럼 내면의 자아상은 생각보다 힘이 세서 현실에 큰 영향을 미친다.

우월감과 열등감을 반복적으로 느끼는 사람이라면 왜곡된 자아상을 바로잡는 것이 중요하다. 잘하든 못하는 비교 평가하지 말고 자신을 있는 그대로 수용해야 한다. 우월감을 느끼는 자신 의 모습을 반성하고 열등감을 느끼는 자신의 모습에는 그 정도로 도 충분하다고 칭찬해야 한다. 이때 주변 사람들의 공감과 이해, 지지는 위축된 자아를 가진 사람에게 큰 용기가 된다.

— 다음에 해당하는 이들을 위한 실천 방안

- 단점을 지적받으면 빠르게 위축되는 사람
- 장점을 칭찬하면 목소리가 커지고 자신만만해지는 사람
- 질투심과 시기심으로 마음고생이 심한 사람

1. 긍정 비교와 부정 비교를 경험했던 기억을 찾는다.

'○○보다 잘했다', '○○보다 못했다' 등 우리는 손쉽게 비교 대상이 된다. 남보다 잘해서 으쓱했던 적도, 남보다 못해서 우울했던 경험도 있을 것이다.

2. 비교당하며 느꼈던 감정을 살펴본다.

비교할 때와 비교당할 때 느끼는 감정도 제각각이다. 시기와 경험에 따라서도 달라질 수 있다.

3. ①에서 떠올린 비교의 문장을 비교 없는 문장으로 바꾸어 보자.

비교하지 않고 말하는 연습이 필요하다. '○○보다 잘했다'는 말은 '잘했다'는 말로도 충분히 표현할 수 있다.

갑자기 내 안에
악마가 나타났어요

민철은 속세의 때가 하나도 묻지 않은 듯 말간 인상을 지녔다. 정갈한 옷차림에 예의 바른 모습의 평범한 직장인이었다. 그런데 그는 자신이 겁나고 무서웠다. 두 달 전 TV 채널을 돌리던 민철은 우연히 영화 한 편을 보게 되었다. 가벼운 마음으로 보기 시작한 영화는 중반부에 이르자 화제가 전환되면서 잔혹한 살해 장면이 나왔다. 일요일 낮에 여유를 만끽하며 영화를 보고 있었는데 갑자기 온몸에 땀이 나고 정신이 아득해졌다. 그때부터였다. 민철은 자신이 이상하게 느껴지기 시작했다. 내부로 무언가가 훅 들어온 것 같았다. 자꾸 잔인한 생각이 떠올랐다. 저도 모르게 누군가를 해칠까 봐 부엌칼을 다 숨겨놓기도 했다. 무슨 일을 저지를까 봐 겁이 났다. 영화를 본 그날 이후, 그의 삶은 완전히 뒤집혔다. 누군가를 해칠까 봐 불안해서 직장도 휴직하고 아무도 만나지 못했다. 주변에서 다들 무슨 일이 있냐고 물어보는데 아무런 답도 할 수 없었다.

민철은 두려움에 떨고 있었다. 정말 영화를 통해 외부에서 악마가 들어온 것일까? 아니다. 그 영화를 본 모든 사람들이 민철과 같은 공포를 느끼진 않는다. 그에게만 일어난 증상이라면 처음부터 그의 마음속에 그런 감정이 있었던 것이다. 다만 몰랐을 뿐이다. 깊은 무의식에 잠겨 있던 덩어리가 영화 속 장면에 자극받아 불거졌다고 볼 수 있다. 아마도 그 덩어리는 민철이 인정하기 싫어서 억압했던 그림자 중 하나로, 누군가를 해치고 싶은 공격성이 형체를 드러낸 것이다.

심리 상담을 하다 보면 비슷한 사례를 종종 만난다. 한순간 삶이 완전히 뒤집혀 감정을 통제할 수 없게 되고, 순수하고 밝았던 마음이 악하고 어두워졌다는 사례가 적지 않다. 동전의 앞면이 뒷면으로 뒤집힌다. 도덕적이던 사람이 어느 날 갑자기 험한 욕을 하고 이상한 상상을 하는 비도덕적인 사람으로 변하는 이유도 마음이 뒤집혔기 때문이다. 실제로 사람을 해치는 행동이 나타나지는 않지만 머릿속은 날카로운 공격성으로 가득 차 있다.

사실 민철은 힘든 유년기를 보냈다. 우울하고 외로웠던 유년기의 불행을 더 이상 반복하고 싶지 않아서 중학교 무렵부터 종교 활동으로 마음을 다잡았다. 종교에 몰입하면서 이전과는 다르게 살겠다고 다짐했다. 자아 정체성이 형성되는 시기에 종교적인 가치를 선택하고는 긍정적이고 좋은 감정들만 가지고 살겠다고 마음먹은 것이다. 부모님과 갈등이 생겨도 부모님의 입장을 이해하고 공감하려고 노력했다. 형제뿐만 아니라 학교에서도 친구들의 말을 듣고 수용하려 애썼다.

변하려고 노력한 만큼 성과는 컸다. 그는 집안의 빛이 되었고 가족들은 모두 편안해졌다. 상담하면서 본 그에게선 살아가면서 자연스럽게 겪는 삶의 애환이나 어두운 면이 느껴지지 않았고, 찾아보기도 어려웠다. 민철은 부정적인 감정을 의식 밖으로 치워버렸다. 몇 년간 효과가 있었던 것도 사실이다. 그러나 부정적 감정은 영원히 사라지지 않는다. 무의식으로 잠시 밀려나, 의식의 표면에 등장하지 않아 눈치채지 못할 뿐이다.

대극의 반전을 분석심리학에서는 '에난티오드로미enantiodromie'라고 한다. 이 용어는 그리스어 '에난티오스enantios(반대의)'와 '드로모스dromos(경주장)'의 합성어로, 극에 달하면 반대로 뒤집힌다는 의미다. '달도 차면 기운다'는 우리나라 속담이 바로 여기에 해당된다. 달이 가득 차서 보름달이 되면 머지않아 줄어들다가

대극의 반전

그믐달이 된다. 자연 현상처럼 모든 인간사도 마찬가지다. 극에 달하면 반드시 반전의 흐름이 생긴다. 즉, 무슨 일이든 어느 한 국면에 지나치게 매몰되어서는 안 된다. 정신 에너지가 한쪽으로 심하게 기울어지면 반대 방향에서 급격한 변화가 일어난다. 과도하게 착한 행동을 하다 보면 본인도 모르게 악한 행동을 하게 되어 기존 축이 무너진다. 감당하기 어려운 극단적인 변화가 발생하는 것이다. 위의 사례처럼 종교적 가치에 따라 선하고 밝은 면을 추구하면 부정적인 나쁜 것들은 대부분 억압하게 된다. 민철의 경우는 그렇게 억압되었던 감정이 커다란 덩어리가 되어 공격적인 형상으로 나타났다.

빛이 강할수록 그림자가 짙어진다

현호는 평소에는 얌전하다가도 술에 취하면 공격적으로 변했다. 그는 성공하겠다는 일념 하나로 자신을 갈고닦으면서 살아왔다. 학창 시절에도 허튼짓 한번 안 하고 공부해서 장학금을 받았고, 수능 시험을 본 후에는 아르바이트를 해서 직접 대학 등록금을 마련했다. 이후에도 부모님에게 손 벌리지 않고 아르바이트를 통해 학비를 벌어 학교를 졸업했다. 성인이 되었다면 스스로 책임져야 어른이라고 생각했는데, 실제로 그렇게 행한 자신이 대견했다. 취업 준비도 열심히 해서 원하는 직장에 들어가 차분히 일을 배웠다. 가정 형편이 어려웠지만 열등감도 없고 자존감도 높았다.

그런데 문제가 생겼다. 술을 마시면 눈빛이 매섭고 거칠어진다는 소리를 들은 적 있지만 크게 신경 쓰지 않았는데, 술 때문에 두 번씩이나 충격적인 문제가 생긴 것이다. 첫 번째 사건은 입사한 지 2년쯤 되었을 때 일어났다. 단합을 위해 마련된 술자리에서 현호는 술에 취해 상사에게 무례를 저질렀다. 좋았던 분위기는 순식간에 나빠졌고 결국 상사와 현호는 주변 사람들이 뜯어말릴 정도로 크게 싸웠다. 문제는 현호가 그 일을 전혀 기억하지 못한다는 데 있었다. 다음 날 상사에게 사과했지만 이미 벌어진 일이 없던 일이 되지는 않았다. 상사는 잔소리가 많은 편이라 짜증 날 때가 있긴 했지만 그렇게 갖은 험한 소리를 할 만큼 싫어하진 않았다. 갑작스레 공격성이 튀어나온 이유를 자신도 알 수 없었다. 그는 결국 다니던 회사를 그만두었다.

두 번째 사건은 처음 산 자동차가 집에 도착한 날에 일어났다. 기분이 좋아서 친구들과 술을 마시고 돌아와 잠을 잤는데, 다음 날 아침에 일어나서 핸드폰을 보니 과속 단속에 걸렸다는 문자가 와 있었다. 온몸에 소름이 돋았다. 지난밤 자신이 무슨 짓을 한 건지 알 수 없어 공포감을 느꼈다.

현호에게 무슨 일이 일어난 걸까? 에난티오드로미 현상이 나타난 것이다. 한쪽으로 치우친 삶을 바로잡기 위해 충격적인 방법으로 그림자를 알린 것이다. 빛과 그림자처럼 페르소나가 강할수록 내면의 그림자는 더 어둡다. 사회에서 인정받고 칭찬받는 사회적 자아의 이면에는 힘들고 지쳐서 충동성을 조절하지 못하는 자아가 존재한다. 감정이 억압될수록 술에 취하거나 긴장이 풀려 통제력을 잃은 의식이 공격적이고 충동적인 모습으로 드러난다. 그림자는 사실 자기로부터 소외가 일어나기 때문에 생긴다. 현호는 결국 그림자에 잡아먹혔다. 의식에서 사라졌던 억압된 감정들은 무의식에서 힘을 축적하고 있었다. 마음의 상처는 어딘가에 흔적을 남긴다. 참지 않고 소리치고 제멋대로 떼를 써 보고 싶었던 어린 마음이 한편에 묻혀 있었던 것이다. 그림자를 없애려는 시도는 결국 마음의 병을 낳는다. 술을 마시거나 실연을 당한 것처럼 콤플렉스가 강하게 자극되면 의식의 통제를 벗어나 행동이나 증상으로 표출되고 만다.

그날 이후 현호는 술을 한 방울도 입에 대지 않았지만, 금방이라도 무언가 터질 것 같은 불안감에 시달렸다. 그는 힘든 일이 생길 때 빨리 해결 방법을 찾아서 벗어나는 데 익숙했다. 현호는 자신의 그림자를 몰아내기 위해 아침마다 명상을 하고, 하루에 한 가지씩 명언을 외우고, 요가를 하면서 불안한 마음을 다스리려고 했다. 그러나 이는 그다지 좋은 방법이 아니다. 감정을 컨트롤하지 못해서 일어난 일이기에 감정을 먼저 다루어야 한다. 시간을 거슬러 올라가며 그림자가 짙어진 원인을 찾는 게 우선이다.

현호에게는 애써 넘긴 순간들이 있었다. 모두가 최신 핸드폰을 쓸 때 혼자 낡은 핸드폰을 쓰며 감추고 싶었던 일, 백수처럼 집에서 술만 마시는 아빠에 대한 원망과 가난하다는 이유로 학교에서 주는 장학금에 느낀 수치심, 대학 동기들이 해외여행을 가는 동안 자신은 학비와 생활비를 벌기 위해 일했던 기억까지. 이 모든 게 드러낸 적 없는 현호의 그림자였다. 그래서 잘난 척하는 상사의 잔소리에 극심한 반감이 들었고, 가난 속에서 열심히 투쟁해 나만의 멋진 자동차를 가지게 되었을 때는 마음껏 즐기고 싶은 욕구가 커져, 해서는 안 되는 행동을 했다.

감정은 억압해서 조절하는 영역이 아니라 소통하고 표현해서 조절해야 하는 영역이다. 스스로 자기감정을 존중할 때 자아가 성장한다. 이 세상에 그림자 없는 사람은 없다. 기계가 아닌 이상, 당연히 개인적인 감정이 있을 수밖에 없다. 현실을 왜곡하지 않기 위해서는 부정적인 일은 부정적으로 경험하고, 긍정적인 일은 긍정적으로 느끼며 살아야 한다.

양지의 페르소나만 가지고 그림자는 없었으면 좋겠다는 생각은 불가능한 바람이다. 억압된 감정은 마음의 병으로 이어진다. 콤플렉스가 강하게 자극되면 의식의 통제를 벗어나 예상하지 못한 이상 행동을 하거나 심각한 증상으로 나타나기도 한다.

긍정의 감정이든 부정의 감정이든 감정을 느끼는 것은 개인적인 영역이다. 남들이 볼 때는 별것 아닐지라도 내가 겪은 상황이나 사건, 사물에 대한 감정적인 태도를 갖는 것이 바로 '나'라는 사실을 인정해야 한다. 내가 느낀 감정은 나를 나답게 만드는 중요한 요소다.

— 다음에 해당하는 이들을 위한 실천 방안

- 바른 생활을 하다가도 가끔씩 감정 조절이 안 되는 사람
- 긍정적인 삶과 태도를 가장 중요한 덕목으로 생각하는 사람
- 대범한데 가끔 사소한 일로 삐치는 사람

1. 사람은 '이렇게' 살아야 한다고 생각해 본 적 있는지 고민한다.

사람들은 저마다 '사람이라면 ○○해야 한다'는 생각을 한다. 예를 들어, 사람이라면 법을 지켜야 한다거나 약자를 보호해야 한다거나 어른들에게 깍듯해야 한다는 것 등이 있다. 내 안의 규칙을 찾아보자.

2. 내가 정한 ①의 규칙을 따르기 위해 참았던 욕구들을 파악한다.

규칙을 세운다는 것은 하지 않아야 할 행동이 생긴다는 뜻이다. 이 욕구들을 개인의 경험에 따라 자세하게 서술하고 파악함으로써 올바르다고 여겼던 행동들의 오류를 찾아낼 수 있다.

긍정적으로 생각하는 게
정신 승리인 줄 알았어요

승재는 아침마다 물에 젖은 솜이불처럼 축 늘어졌다. 심하게 무기력한 날에는 출근을 못 한 적도 있었다. 가만히 있어도 속절없이 눈물이 흐르는데 이유를 알 수 없어 갑갑했다. 원인을 찾을 수 없으니 자신이 어떤 사람인지, 무슨 생각과 마음을 가지고 있는지 알 수 없었다. 승재는 회사에 근무하는 3년 동안 상부에서 시키는 일이라면 무엇이든 했다. 과중한 업무를 홀로 감당하며 최소한 세 사람 몫은 했다. 매일같이 야근과 밤샘을 반복하고 주말에 일한 적도 많았다. 내심 이런 상황이 부당하고 억울하다고 생각했지만 개선될 리 없다는 생각으로 밝은 모습 뒤에 고된 피로를 숨겼다. 그러다 결국 허무의 늪에 빠지고 말았다.

승재는 만성 우울증 진단을 받은 후 상담실을 찾았다. 사실 승재가 밝은 얼굴 뒤에 우울한 얼굴을 숨기기 시작한 것은 꽤 오래전부터였다. 승재는 초등학교 때부터 중재자 역할을 자처해 왔다. 부모님은 싸움이 잦은 편이었는데, 그때마다 엄마에게 아빠의 입장을 이해시키고, 아빠에게 엄마의 마음을 전달하면서 갈등을 해결했다. 이러한 승재의 노력은 집안의 분란과 혼란을 잠재우는 데 결정적 역할을 했다. 어른의 보호와 도움이 필요한 아이가 어른들의 눈치를 보고 그들의 심기를 거스르지 않기 위해 노력했던 것이다. 학교에 가져갈 준비물이 있어도 부모님에게 말하기보다는 스스로 챙겨갔다. 불안해지는 상황을 최소화하기 위해 미리 모든 걸 계획하고 변수가 일어날 가능성을 항상 체크하고 철저히 준비하는 게 습관이 되었다. 승재의 준비성과 통제 성향은 인간관계로도 이어졌다. 친구 관계에서도 머릿속으로 예상되는 시나리오를 떠올리고 대안을 세웠다. 그렇게 틀에서 벗어나지 않는 모범생으로 해마다 반장을 도맡았다.

하지만 변수는 가변적이다. 아무리 꼼꼼히 준비해도 예상 밖의 일이 발생할 수밖에 없다. 숙제나 시험, 심부름 같은 명확한 과제는 미리 준비할 수 있으니 문제가 발생하지 않는다. 이렇게 제대로 준비해서 통제할 수 있는 상황에는 승재도 자신이 있었다. 다만 대인 관계는 예측할 수 없는 상황투성이다. 사람들과 관계를 맺으며 승재는 수많은 변수를 만났고, 그럴 때마다 머릿속이 하얘지고 식은땀이 흘렀다. 심하게 당황하면 반응하는 것조차 힘들었다. 한 살 두 살 나이를 먹을수록 예상대로 흘러가지 않는 일이 늘어났고, 승재는 상황을 통제하기 위해 더 많은 시나리오를 만들었다. 밤마다 그날 하루를 반성하고 잘못한 것은 없는지 검열했으며 어떻게 수정할지 생각했다. 여러 가지 예상 시나리오를 짜고 시뮬레이션해서 오류를 점검하는 게 잠들기 전에 하는 매일의 루틴이었다. 이렇게 생각이 많다 보니 잠을 설치는 일이 많았다. 예측 불가능한 변수가 늘어나면서 승재의 강박은 나날이 심해졌다. 한마디로, 감정을 억압하는 자기 검열 패턴에 빠지고 만 것이다.

자기 검열檢閱과 자기 점검點檢은 둘 다 스스로를 돌아본다는 면에서 유사하지만 누구를 돌보는 행동인지에 따라 다르다. 자기 검열은 아무도 강제하지 않지만 위험을 피할 목적 또는 타인의 감정을 상하게 하지 않을 목적으로 자신의 표현을 스스로 검열하는 행위다. 적당한 자기 검열은 말실수를 줄여주는 순기능이 있지만 자칫 지나쳐질 수 있다는 문제가 있다. 권위주의 국가에서는 처벌이 두려워 예술가들이 정부가 문제 삼을 만한 작품을 제

손으로 없애기도 한다. 외부의 욕구가 중심이 되는 자기 검열은 변수도 많고 예측하는 데도 한계가 있다. 아무리 검열하고 또 검열해도 중심이 외부에 있기 때문에 확실성이 떨어진다. 불확실한 요소가 많다 보니 불안은 좀처럼 사라지지 않는다.

자기 점검은 자신의 행동을 관찰하고 기록함으로써 행동의 변화를 유도하는 조절 전략이다. 과도한 소비를 방지하기 위해 쇼핑하러 갈 때 필요 목록을 적어놓고 구입한 물건을 지워나가는 것이나 집을 나설 때 가져갈 물건이 무엇인지 체크하는 등의 행동이다. 자기 점검은 자신의 욕구가 중심인 행동으로, 중심이 나를 향해 있고 스스로를 돌본다.

승재는 어렸을 때부터 해온 잠들기 전 루틴이 자기 검열인지조차 몰랐다. 또한 그것이 타인 중심적 사고인지도 몰랐고, 감정의 억압인지도 몰랐다. 기분 나쁜 일이 생겨도 '괜찮아. 잘 될 거야'라고 긍정적인 자기 암시를 하면서 어려움을 이겨냈다. 이 과정에서 불시에 우울감이 엄습하곤 했다. 예전에는 자기 계발서를 읽거나 긍정적인 자기 암시와 명상을 통해 우울감을 극복하려고 노력했다. 하지만 이제는 감정 자체가 잘 느껴지지 않고, 손 하나 까딱할 수 없는 무력감에 빠졌다. 사실 예전에도 우울감을 극복했던 게 아니라, 긍정적인 감정으로 부정적인 감정을 속여 현실을 왜곡했던 것이다. 부정적인 감정을 느끼지 않는 게 건강한 것이 아니라, 자연스럽게 모든 감정을 느끼며 살아가는 게 건강한 심리 상태임을 명심해야 한다.

자기 신뢰는 세상을 살아갈 힘을 준다

지은은 "너만 생각한다"는 소리를 자주 들었다. 에너지와 호기심, 갖고 싶은 것, 하고 싶은 것도 많은 지은에게 돌아오는 반응은 "가족들 다 힘든데 어떻게 너만 생각하니?"라는 비난이었다. 사춘기에 들어서면서부터는 어떤 욕구가 생겨도 자신이 이기적이고 못돼서 그런 생각이 드는 건 아닌지 걱정돼서 표현할 수 없었다. 사람들이 싫어할까 봐, 미움받지 않으려고 매번 자신의 행동을 검열했다. 원하는 것을 솔직하게 표현하지 못하고 속으로만 끙끙 앓으며 문제를 키우다 보니 점점 할 수 있는 말이 없어졌다. 남들처럼 티격태격하는 실랑이도 불가능했다. 필요한 말만 하고 부가적인 설명을 하지 않아서 소소한 대화에도 어려움을 겪었다.

사람들과 함께하는 게 불편해서 친구들과도 만나거나 통화하는 대신 메시지로만 연락했다. 직접 통화하면 실수할까 봐 불안한데, 문자로 소통하면 그나마 한 번 더 고민해서 적절한 답장을 할 수 있어 부담감이 덜했다. 사실 메시지를 보내는 것도 에너지 소모가 커 부담되긴 했다. 친하게 지내고 싶은 사람이 생겨도 '날 싫어하면 어떡하지?', '날 재미없어하면 어떡하지?', '날 부담스러워하면 어떡하지?' 하는 생각이 앞서 쉽게 다가가지 못했다. 일어나지도 않은 일들 때문에 걱정이 앞섰다. 거절을 경험하지 않기 위해 완벽한 상황을 만들려고 하다 보니 행동하기도 전에 마음속 에너지를 과하게 사용해 지치기 일쑤였다. 간신히 만남으로 이어져 즐거운 하루를 보내고도 '내가 왜 그랬지?', '이 말은 하지 말걸', '더 재밌게 잘했어야 하는데', '너무 감정적으로 말했나?' 등등 자신을 검열하기 바빴다. 좋은 사람들을 만나도 상대에게 자신의 말과 행동이 어떻게 보일지 고민하느라 정작 대화에 집중하지 못했다.

지은에게는 자기감정을 중요하게 생각하는 게 잘못이라는 암묵적 규율이 있다. 무리에서 은근히 소외당하더라도 '이런 걸로 섭섭해도 되나?', '내가 속상한 건 맞나?'라며 스스로를 의심한다. 오랜 시간 동안 자신의 감정을 불신하며 살아왔으니 자신감이 떨어지는 건 당연한 수순이다. 스스로를 의심하고 검열하느라 자신의 취향과 생각은 일단 눌러둔 채 무의식적인 자책을 일삼았다.

자신의 의견을 말하는 것을 어려워하다 보니 지은의 침묵이 길어졌다. 그 과정에서 어떤 감정이든 안으로만 꾹꾹 눌러두는 버릇이 생겼는데, 이런 버릇은 지은을 더욱 위축되게 만들었다. 그러나 입 밖으로 꺼내지 않으면 당연히 아무도 지은의 감정과 생각을 알 수 없다. 자신의 의견과 감정을 드러내고 사람들과 소통해야 관계를 맺고 자아를 다질 수 있다. 특히나 의견 전달과 교환의 과정에서 공감을 얻으면 자기 마음의 정당성을 느끼며 점차 자기 확신을 길러갈 수 있다. 긴가민가하던 불확실한 마음을 믿을 만한 사람에게 표현하면서 자신을 신뢰하게 되는 것이다.

자신감이 없는 사람은 안전한 외부 대상에게 마음을 표현하지 않으면 자신감을 얻기 힘들다. 인간은 사회적 동물이라 신뢰하는 대상을 통해 자신을 확인하곤 한다. 이렇게 표현하면서 모호했던 마음이 선명해지고 자신의 입장이 만들어진다. '말하기'가 치유의 시작점인 이유다.

자기감정에 자신 없는 사람들에게는 공통점이 있다. 이들은 자신이 힘들었던 경험을 이야기할 때 주로 상황이 어떠했고 사람들이 어떻게 행동했다며 상황 중심으로 서술한다. 자신이 힘든 이유를 말해야 하는 상황에서 핵심이 되는 자신을 표현하지 못하고 외부에 대해서만 이야기한다. 그러니 감정을 해소하는 게 어려울 수밖에 없다. 대인 관계의 기본은 자신의 내부에서 무엇을

느끼는지 아는 것이다. 내 안의 목소리에 귀 기울인 후 자신의 목
소리로 이야기해야 혼란을 잠재울 수 있다.

HOW TO ── 다음에 해당하는 이들을 위한 실천 방안

- 자기 검열이 심한 사람
- 자신의 선택에 후회가 많은 사람
- 남들이 자신을 어떻게 볼지 눈치를 많이 보는 사람
- 타인의 시선에 쉽게 휘둘리는 사람

STEP 1. 대인 관계에서 검열하게 되는 상황이 있는지 살핀다.

마음속에 생기는 갈등을 정리해 휘둘림을 방지한다.

2. 갈등 상황에서 느낀 감정을 정리한다.

자신의 마음을 모르는 상태로는 건강한 인간관계를 이어나갈
수 없다.

3. 감정과 생각을 솔직하게 표현할 수 없었던 이유를 찾아
본다.

어떤 시선과 대상으로 검열을 강화하게 되는지 알 수 있다.

제대로 된 게 아니면
의욕이 생기지 않아요

유미는 대학을 졸업한 후 2년째 취업을 미루고 있었다. 취업할 생각은 있지만 제대로 준비해 본 적은 없었다. 전문직 시험을 준비하려고 교재를 사고 온라인 강의도 신청했지만 처음에만 열심히 했을 뿐, 얼마 지나지 않아 공부 패턴이 무너져 버렸다. 아침에 제때 일어나는 것도 버겁고, 집을 나서기도 전에 지쳐서 그만두었다.

취업이나 공부에만 해당되는 일도 아니었다. 체력을 기르려고 요일별로 필라테스와 수영, 요가를 할 계획을 세웠다. 등록 후 첫 주는 계획대로 운동했는데, 둘째 주부터 슬슬 레슨에 지각하기 시작하더니 셋째 주부터 계획이 완전히 어그러졌다. 일어나서

씻고 이런저런 물건들을 챙겨 집을 나서기가 이만저만 힘든 게 아니었다. 남들은 금방 준비해서 나가는 것 같은데 자신은 밥 먹을 시간도 없었다. 그런데도 운동을 못 가면 그날 하루를 다 망친 것 같은 기분이 들었다. 계획대로 하지 못했다는 생각에 짜증이 나서 다음 일정을 수행하기 힘들었다. 결국에는 밖으로 나가지도 않고 하루 종일 짜증 난 상태로 침대에 누워 핸드폰만 보다가 잤다.

사실 유미는 초등학교 때부터 뭐든 남들보다 잘하려는 욕구가 강했다. 시간이 많이 걸리더라도 개념이나 원리를 제대로 이해하고 순차적으로 응용 문제를 풀어가는 편이었다. 친구들과 같이 도서관에서 공부하기보다는 집에서 혼자 자신에게 설명하고 납득하는 방식으로 공부했다. 시험 기간이 되면 그동안 배운 내용을 거의 다 외워서 웬만해서는 1등을 놓치지 않았다. 그런데 중·고등학생이 되면서 문제가 생겼다. 공부해야 하는 과목이 많아도 너무 많았다. 예습도 하고 복습도 해야 하는데 숙제 하나 끝내지 못해 학원에 못 가는 날이 생겼다. 그런 날이면 극심한 스트레스에 아무것도 하지 못하고 울기만 했다.

지금도 유미는 기본에 충실해야 한다는 강박 때문에 삶의 진도를 나가지 못하고 있다. 하나를 시작하면 제대로 될 때까지 근

본을 파고드는 완벽주의 성향 때문에 시도 자체를 꺼렸다. 취업 준비를 하려면 토익부터 리스닝, 스피킹, 독해까지 공부해야 하는데, 무엇을 먼저 시작해야 할지 갈피를 잡을 수 없었다. 운동을 하려고 마음먹고 나서도 어느 운동에 어떤 효과가 있는지 조사하는 데만 몇 달이 걸렸다. 그중 추리고 추려 겨우 필라테스와 수영, 요가를 등록한 것이다. 유미는 뭐든 제대로 해야 한다는 완벽주의 성향 때문에 하나도 제대로 못 하는 상태가 되고 말았다.

완벽주의의 결정적 문제는 '모자란 나'를 받아들이지 못한다는 것이다. 처음부터 잘하는 사람은 없는 법인데도 미숙한 자신의 모습을 견디지 못하고 자신의 모자람에 수치심을 느낀다. 내면에 작지 않은 걱정과 불안을 품고 있으니 아무것도 안 해도 쉬는 게 아니다. 완벽주의자는 항상 피곤하다. 이상과 현실의 간극이 크니 당연하다.

자아는 나 자신에 대한 개념이다. 자신에 대해 어떻게 느끼고 어떻게 생각하는가에 관한 추상적 이미지다. 자신을 어떻게 생각하는지는 어느 누구와도 공유할 수 없는 영역이다. 자신의 능력이나 잠재력, 장점과 약점, 타인과의 관계 등에 대한 현실적인 자기 평가에 근거하기 때문이다.

자신에 대한 개념에는 보통 두 가지가 있다. 하나는 자신이 원하는 모습인 이상적 자아상 ideal self이고, 다른 하나는 자신이 현실에서 살아가고 있는 모습인 실제 자아상 real self이다. 이상적 자아상은 '되어야 하는, 되고 싶은 자신의 모습'으로, 현실의 모습은 아니지만 잠재력을 계발하고 자기실현을 이룰 수 있다는 기대를 품게 한다. 꿈을 갖게 하고, 희망을 품고 앞으로 나아갈 수 있도록 노력하게 만드는 좌표로서의 역할을 한다. 긍정적 기능을 하는 중요한 자아상이라고 할 수 있다.

이상적 자아상은 그 자체로는 불편하거나 부정적이지 않지만, 실제 자아와 간극이 크면 클수록 삶에서 받는 스트레스가 심해진다. 생각해 보라. 내가 원하는 모습은 실수 없이 깔끔하게 일을 잘하는 것인데, 현실에서는 실수투성이에 분주한 모습으로 살아간다면 매일매일이 괴로워진다. 자신이 되고 싶은 이상적 자아상이 실제 자아상보다 적정 수준으로만 높다면 열심히 노력하면서 만족스럽고 풍요롭게 살아갈 수 있다. 건강한 사람일수록 이상적 자아와 현실적 자아의 간극을 적절히 잘 유지한다. 바꾸어 말하자면, 스스로 감당할 수 있는 이상이어야 건강한 내면을 유지할 수 있다. 지나친 간극 앞에서는 이상을 불가능한 영역으로 간주해 포기하기 쉽다.

몸무게가 100킬로그램인 사람이 50킬로그램의 마른 체형을 이상적인 자아상으로 생각한다면, 거울을 보거나 친구를 만날 때마다 자기혐오의 굴레에 빠질 것이다. 속으로는 '나도 50킬로그

램이 되고 싶은데'라며 스트레스를 받으면서도 체중 감량을 시도
조차 못한다. 몸무게의 절반을 감량해야 하니 엄두가 안 나는 것
이다. 무엇보다도 100킬로그램인 자신의 몸을 부끄럽다고 여기
기 때문에 대인 관계에서 자신을 드러내거나 표현해야 할 상황
이 되면 움츠러들고 만다. 하지만 실제 자아상에서 출발하면 실
현 가능한 목표를 세운다. 100킬로그램인 사람이 90킬로그램을
이상적인 목표로 삼는다면 체중 감량을 시도할 때 부담감이 덜하
다. 목표한 몸무게와 현재의 몸무게가 크게 차이나지 않아 조금
만 노력하면 도달할 수 있다는 용기가 생긴다. 간극을 감당할 수
있으니 심리적 압박감이 덜하고, 가벼운 마음으로 시도하게 된
다. 당연히 성공 가능성도 높다. 그렇게 삶은 성장한다.

장점보다 단점을 중시하는 완벽주의 성향

시우는 진로가 쉴 새 없이 바뀌었다. 어렸을 때부터 미술을
좋아해서 꿈에 그리던 예술고등학교에 입학해 즐겁게 학교 생활
을 했지만, 고등학교 3학년이 되자 머릿속이 복잡해졌다. 자신의
예술성이 대단하지 않아 성공하기 어렵겠다는 생각이 들었다. 부
모님과 선생님은 시우의 능력을 긍정적으로 평가하고 기대했지

만, 정작 시우는 자신의 실력이 만족스럽지 않았다. 그래서 대학 입학 원서를 쓸 때 미술과 전혀 상관없는 학과를 선택했다. 미술에 자신 없어서 한 선택임을 밝히고 싶지 않아 이 사실을 누구에게도 알리지 않았다. 뒤늦게 이 사실을 알게 된 부모님은 황당해하며 크게 반대했고 모두들 "네가 아니면 누가 미대에 가느냐?"고 만류했지만, 아무도 시우의 결정을 막을 수 없었다. 그렇게 미술과 무관한 학과에 입학한 시우는 대학을 졸업할 무렵, 다시 예전과 비슷한 선택을 했다. 남들처럼 살고 싶지 않다는 이유로 전공과 전혀 무관한 전문직을 꿈꾸며 대학원에 입학한 것이다.

그러나 시우는 대학원 졸업을 앞두고 전문직으로 성공하기 어려울 것 같다는 생각에, 크게 준비하지 않아도 들어갈 수 있는 중소 기업에 입사했다. 첫 출근을 할 땐 제대로 된 성과를 내고 싶다는 열망이 있었지만, 그로부터 2년이 흐른 지금까지도 회사에 정을 붙일 수 없었다. 마음이 자꾸만 다른 곳으로 향했다. 대기업에 가서 자신과 비슷한, 역량 있는 사람들과 견주며 성장하고 싶었다. 성공만 좇다가 현실에 집중하지 못하는 자신의 모습이 한심하게만 느껴졌다.

누구나 선택을 한다. 하나를 선택하면 다른 하나를 포기해야 한다. 그렇게 하게 되는 선택이지만 단점 없이 완벽할 수는 없다.

완벽주의자는 어느 하나만 마음에 들지 않아도 전체를 리셋하고 싶어 한다. 완벽하게 잘해서 완벽주의가 아니라 완벽하지 않은데 완벽을 꿈꾸는 것이 완벽주의다. 시우는 제대로 성취할 수 없을 것 같으면 방향을 전환해 처음부터 다시 시작하는 선택을 반복했다. 새롭게 시작하는 곳에서도 그는 이상적 자아상을 향해 노력하기보다는 매번 부족한 자신을 자책했다. 완벽을 추구했지만 오히려 그로 인해 삶을 제대로 살아가지 못하게 된 것이다.

과도한 완벽주의 성향 때문에 조금만 어긋나도 새로운 곳에서 다시 시작하려는 습성을 가진 사람들이 꽤 많다. 누구나 좌절을 피하고 싶어 한다. 그러나 성장하기 위해서는 좌절감을 감당해야 한다. 이것이 두려워 회피한다면 긍정적인 측면이 아무리 많아도 일부 부정적인 측면만 보게 된다. 70의 긍정성보다 30의 부정성을 더 크게 보게 되는 것이다. 자신이 하고 싶고 바라던 세계를 충분히 경험해 보지도 않고 30의 불확실성을 견디지 못해 포기하는 어리석은 결정을 내리게 된다. 원하는 세계가 펼쳐질 가능성이 완벽주의 성향으로 인해 차단되고 만다.

완벽주의적 회피 성향은 좌절해도 일어설 수 있는 뱃심 키우기로 고칠 수 있다. 잠깐의 부진함으로 전체를 판단하고 자신의 능력을 의심하면 그 일에 대한 무력감과 회의감만 커질 뿐이다. 미숙함을 수용하기 시작하면 버틸 수 있는 마음의 근력이 길러진다.

모든 사람과 사물에는 긍정적 측면과 부정적 측면이 함께 존재한다. 앞이 있으면 뒤가 있고, 위가 있으면 아래가 있다. 아무리 좋은 부모라도 완벽하기만 한 부모는 없다. 친구도 마찬가지다. 나에게는 소중한 친구가 누군가에게는 별로인 사람일 수 있다. 누군가에게는 보이는 단점이 내 눈에는 보이지 않을 수도 있고, 그 반대일 수도 있다. 또한 단점이 있더라도 나에게는 장점이 더 크게 보인다면 그런대로 관계를 유지할 이유가 된다. 100퍼센트 완벽한 것은 어디에도 없기 때문이다.

'나'도 마찬가지다. 처음부터 '나'의 완벽하지 않음을 인정하고 받아들여 자신만의 방법으로 채우기 위해 노력하는 게 이상적 자아상과 실제 자아상의 간극을 줄이는 방법이다. 작은 좌절들을 경험하면서, 현실의 복잡성을 이해하면 '완벽한 사람'이 아니라 '그런대로 괜찮은 사람'이 된다. 선택의 기로에 섰을 때 하고 싶었던 게 있는데도 확실성이 보장되지 않는다는 이유만으로 포기해서는 안 된다. 세상에 확실하게 보장된 건 없다. 우리는 누구나 불확실성 속에서 자신을 펼치면서 살아가고 있다.

다음에 해당하는 이들을 위한 실천 방안

- 계획한 일이 조금이라도 틀어지면 처음부터 다시 시작하고 싶은 사람
- 장점보다는 부족한 점 때문에 약속 시간 혹은 마감 시일을 어기는 사람
- 제대로 된(또는 진심으로 원하는) 선택을 하는 데 남들보다 많은 시간이 걸리는 사람

(*STEP*) **1. 원하는 리스트를 작은 것부터 큰 것까지 나열한다.**

내가 꿈꾸는 이상적 자아상을 고민함으로써 실제 자아상과의 간극을 파악할 수 잇다.

2. 위의 리스트 중 현재의 삶에 무엇이 중요한지 우선순위를 정한다.

원하고 꿈꾸는 목표와 현실을 연결시켜 중요도를 판단하면 무엇을 해야 할지 보인다.

3. 포기해야 하는 항목을 정한다.

꿈(목표)의 크기와는 무관하다. 사소하더라도 현실적으로 지금 나에게 도움이 되지 않는 게 있을 수 있다. 항목을 정리해 선택과 집중의 힘을 발휘한다.

왜 이렇게
사소한 것에 예민할까요?

　　일을 잘한다는 평가로 남들보다 높은 연봉과 좋은 대우를 받는 서진은 사람들과의 소통이 부담스러웠다. 서진은 업무적으로 유능할 뿐더러 사람들과의 관계에서 상대방이 무엇을 원하는지 잘 알아차렸다. 작은 변화에도 민감한 성격이라 직업적으로 남들의 생각을 잘 읽고 잘 활용했다. 그 자신도 남들보다 통찰력이 있다고 여겼고, 상황에 대한 자신의 평가나 방향이 옳다는 확신도 있었다. 서진의 예민한 지각력은 불편함을 잘 감지하게 만들었고, 이는 탁월한 결과물을 만드는 데 도움이 되었다. 실제로 입사 후 어느 정도 시간이 흐르자 상사뿐만 아니라 동료나 후배들에게도 인정받아 실질적인 임무를 맡게 되었다. 그러다가 첨예한 상황을 기민하게 알아차리고 해결해 나가는 중요한 자리, 키맨keyman 직책까지 올라갔다.

외부 세계에 적응적인 모습을 보이는 데 비해 서진은 내면 세계인 자신의 마음에는 적응적이지 않았다. 자라면서 그는 감정에 치우치지 않으려고 부단히 노력했다. 이를 위한 그만의 철칙이 하나 있었다. 그는 개인적인 감정을 외부로 드러내지 않았다. 감정을 배제한 결과, 예민한 모습 대신 객관적이고 대범하며 논리적인 모습만 표면적으로 드러났다. 상담을 진행하는 동안에도 서진은 상담자가 믿을 만한 사람인지 연신 탐색하는 듯 보였다.

예민한 성향을 가진 사람은 전체 인구의 15~20퍼센트를 차지한다. '예민하다'는 외부 자극에 민감하다는 뜻이기도 하다. 2006년, 일레인 N. 아론Elaine N. Aron 박사는 '매우 예민한 사람 Highly Sensitive Person, HSP'이라는 용어를 처음 제시했다. 이들은 외부 자극의 미묘한 차이를 인식하고, 자극적인 환경에 쉽게 압도당하는 민감한 신경 시스템의 소유자다. 이들은 남들보다 외부 자극에 예민하기 때문에 주변의 영향을 더 많이 받는다. 평범한 사람이 세상을 지각하고 반응하며 살아가기 위해 10개 정도의 안테나를 갖고 태어난다고 가정해 보자. 예민한 사람들은 이보다 많은 안테나를 가진 채 태어난다고 볼 수 있다. 예민한 사람들은 평범한 사람들보다 더 많은 정보를 지각하고 인식한다. 남들에게 보이지 않는 혹은 남들은 간과하고 넘어갈 만한 것들이 이들에게는 보인다. 잘못된 것을 잘 찾아내는 '프로 불편러'*들도 예민한 사람에 해당된다. 남들은 알아채지 못하는 불만을 제기하니 까다롭고 예민하다는 부정적인 이미지를 갖게 될 수도 있다.

외부 자극에 민감하다는 것은 자기 에너지가 외부로 향해 있다는 뜻이다. 예민함은 사실 타고난 재능이다. 평범한 사람보다 민감한 지각 능력을 가진 이들은 기쁨도 더 풍성하게 경험하고 슬픔도 더 깊고 다양하게 느낀다. 다른 이들의 기쁜 표정이나 말투에 잘 공감하지만 비언어적으로 표현되는 것들도 잘 포착해 비언어적인 공감에 대한 이해도가 높다. 자신이 예민하다는 사실을 받아들이고 차이를 인정하고 남들보다 많이 가지고 있는 안테나를 잘 활용하면 이 기질은 좋은 무기가 된다.

'에너지 보존 법칙'에 따르면 정신 에너지가 정신의 어떤 요소 혹은 구조로 전이되더라도 에너지의 가치는 언제나 동일하다. 즉, 외부로 향하는 에너지가 과도해지면 내면을 지각할 에너지가 적어져 결국 자기감정에 대한 민감도가 떨어지며 자신이 후순위

---

* '프로 불편러'는 매사 예민하고 별것 아닌 일에도 부정적인 여론을 형성해서 논쟁을 부추기는 유난스러운 사람을 일컫는 신조어다.

로 밀린다. 이런 이들은 외부 자극에 민감하니 환경에 맞추어 사느라 자신의 감정은 외면한 채 담담한 척하며 살아간다. 또한 보이는 것 외에 사람들이 숨기고 싶어 하는 부정적인 면들을 예민하게 감지해 낸다. 상대방의 이율배반적인 모습은 더 잘 보인다. 그래서 애써 담담한 척하며 복잡한 마음을 보호하려는 것이다.

예민한 기질을 가지고 있을수록 중요한 '중심 잡기'

현수는 힘들었던 자신의 심정을 구체적이고 섬세하게 표현했다. 사춘기 무렵, 어느 날부터 친했던 친구들이 등을 돌리기 시작했다. 말을 걸어도 대답이 없고 함께하던 하굣길에서도 뒤돌아보면 다들 슬그머니 사라졌다. 영문도 모른 채 갑작스레 왕따를 당하면서 죽을 것처럼 괴로웠다. 주변에 도움받을 곳도 마땅치 않았던 현수는 자신만의 해결책을 찾아냈다. 친구들이 즐거워하고 원하는 것에 완벽하게 맞추기로 마음을 먹은 것이다. 재밌는 이야기를 하는 우스꽝스러운 광대가 되면 예전처럼 친구들과 친하게 지낼 수 있을 거라고 생각했다. 그리고 그의 예상은 적중했다. 남들보다 많은 안테나를 가지고 있는 기질적 예민함이 잘 작동해서 무사히 무리 속에 다시 안착할 수 있었다. 무리 밖은 죽음

같은 절망이었다. 그러나 무리 속에서도 예전처럼 편하지는 않았다. 계속 친구들의 눈치를 봐야 했고, 그들의 욕구를 채워주지 못하면 다시 따돌려질 거라는 두려움이 날로 커졌다.

사실 현수는 스스로를 돌보지 못하고 늘 손해만 보고 살았다. 사춘기 때는 자기중심적 특성이 도드라지며 자아가 성숙하는데 그는 거꾸로 타인 중심적인 삶으로 자신을 몰아갔다. 더 이상 따돌림을 당하지 않아 다행이었으나 광대로 살아야 했던 삶이 행복하지는 않았다.

그의 마음속에는 복잡한 생각들이 소화되지 못한 채 남아 있었다. 우울하고 자존심 상하지만 속내를 털어놓을 만한 믿을 수 있는 대상도 없었고, 그런 마음을 표현해도 되는 건지도 알 수 없었다. 부정적 감정들이 치밀어 올라도 게임을 하면서 잊어버리거나 무작정 짜증 내는 것 외에는 할 수 있는 일이 없었다. 당시에는 현수도 자신이 왜 이러는지 그 이유를 알지 못했다. 남의 눈치를 보느라 에너지를 쓰다 보면 정작 자신에 대해서는 무지해진다. 안타깝게도 성인이 된 후에도 현수는 타인의 욕구만 신경 쓰고 맞추느라 정신적 소모가 컸다. 결국 모든 관계를 끊고 방 안으로 숨어들었다.

현수는 자신이 겪은 어려움을 모두 홀로 감당하려 노력했다. 엄마가 슬퍼할까 봐 따돌림당한 사실을 말하지 못했고, 친구가 부담스러워할까 봐 화낼 만한 상황에서도 꾹 참았으며, 아빠가 실망할까 봐 단 한 번도 원망을 표현하지 않았다. 그는 타인의 힘듦을 자신의 감정보다 더 크게 느끼며 자기감정을 수없이 외면했다.

상담 중에 현수는 힘겹게 자신의 감정을 고백했다. 예민하고 섬세한 기질을 가진 사람은 처음 입을 떼기 어렵지만 일단 하나의 사건을 말하기 시작하면 그에 따른 복잡한 마음들이 줄줄이 엉켜 올라온다. 단단히 뭉쳐져 있던 부정적인 기억들을 이야기하며 그는 간만에 해방감을 느꼈다. 당시 자신이 어떤 마음이었는지, 어떤 이유에서 그렇게 행동했는지 이야기하면서 그는 타인에게 맞추어져 있던 초점을 자신에게로 돌릴 수 있었다.

타고난 예민함을 무던하게 만드는 것은 사실상 불가능하다. 오감을 통해 자극을 받기 때문에 감각 자체를 무디게 만들 수는 없다. 다만 외부와 내면을 구분할 때 외부를 챙기느라 자신을 잃지 않도록 노력해야 한다. 감정에 치우치지 않는 것이 균형이 아니다. 중심을 잃지 않는 것이 균형이다. '나는 내 삶을 산다'는 태도는 결국 내면의 중심을 찾는 일이다. 특히 예민한 사람들일수록 의도적으로 중심을 잃지 않도록 노력해야 한다. 자극을 적절하게 관리하고 걸러내야 중심을 잡고 살아갈 수 있다.

다음에 해당하는 이들을 위한 실천 방안

- 사소한 것들을 예민하게 받아들이면서도 담담한 척하는 사람
- 프로 불편러인데 둔감한 척하는 사람
- 외부 상황에 맞춰 주고 뒤늦게 후회하는 사람

1. 자신이 예민한 사람임을 인정한다.

예민함을 튀는 성향 혹은 단점이라고 생각하지 말고 개인의 특성임을 받아들인다.

2. 담담한 척하지 않는다.

예민한 사람으로 보이지 않기 위해 애써 무던한 척, 쿨한 척 했던 경험이 있다면 더 이상 '척'하지 않기 위해 노력한다.

3. 불편함을 외면하지 않는다.

사소할지라도 불편함을 느낀다면 있는 그대로 받아들인다. 그래야 해소할 수 있다.

세 번째 마음 상담소

당신만을 위한 마음 상담소가 열렸습니다. 다음의 질문지를 읽고 자유롭게 답변해 보세요. 대답을 원하지 않는 질문이 있다면 대답하지 않아도 좋습니다. 글이 어렵다면 그림이나 말로 표현해도 괜찮습니다.

1. 인간관계에서 갈등이 야기될 때 어떻게 행동하나요?

....

....

2. 자신이 미성숙하게 느껴졌던 경험이 있나요?

....

....

3. 미성숙하게 대처했던 경험을 지금 다시 겪게 된다면 어떻게 행동할 것 같나요?

....

....

4. 싫어하는 사물, 상황, 사람들을 나열해 보고 특성을 설명합니다.

....

....

5. 좋아하는 사물, 상황, 사람들을 나열해 보고 특성을 설명합니다.

....

....

6. 본인의 완벽주의 성향이 몇 퍼센트인지 말하고 이유를 설명해 주세요.

....

....

7. 유독 마주하고 싶지 않은 감정을 꼽고 이유를 설명해 주세요.
   (ex. 우울감, 열등감 등)

....

....

우리는 모두 수많은 갈등 속에서 자아가 축소되고
자신감이 떨어지는 나날이 계속될 수도 있겠죠.
하지만 지금 당신이 겪는 위기가
당신을 나아가게 만들 거예요.

4장

상처받지
않은 척하는
어른들

왜
사소한 일로 터질까요?

선영은 엄마의 제안으로 상담실을 찾았다. 별다른 문제는 없었다. 다만 대인 관계가 조금 어려울 뿐. 선영은 유치원 때부터 바쁜 부모님을 대신해 동생들을 챙겼다. 친구와 놀다가도 엄마의 전화를 받으면 어린이집에 동생들을 데리러 갔다. 부모님께 칭찬받고 싶어서 친구들과 놀고 싶은 마음을 꾹 참았다. 그런 날이면 불 꺼진 집이 너무 싫었다. 하지만 짜증이 나도 동생들과 밥을 챙겨 먹고 설거지도 했다.

그랬던 선영이 초등학교 고학년이 된 뒤에는 툭하면 학교에서 친구들과 싸우기 시작했다. 집에서는 거의 폭군이었다. 동생들이 밥상을 차릴 때도 가만히 있거나 심부름을 안 하면 때리기까지 했다. 그래서인지 동생들은 시간이 제법 흐른 지금까지도 선영과 말하는 것을 꺼렸다. 학교에 다닐 때는 친했던 친구들도 시간이 지나면 멀어져 연락할 사람이 없었다. 성인이 된 후에도 선영의 인간관계는 달라지지 않았다.

선영이 생각하기에 사람들은 도움을 받고 나면 관계를 끊는 이기적인 족속들이었다. 그렇게 타인에 대한 불만과 서운함이 쌓이다가 결국 별것 아닌 일에 터지곤 했다. 그때마다 주변 사람들은 당혹감을 숨기지 못했다. 평소에는 배려심 많고 착하다는 평을 듣지만 한번 예민해지면 화를 통제할 수 없었다. 그 모습을 본 사람들은 "착한 줄 알았는데", "너그러운 줄 알았는데", "이해한 줄 알았는데"라고 말하며 선영에게서 멀어졌다. 이렇게 관계가 파국에 이르면 자책도 하고 후회도 하지만 '내가 이렇게까지 했는데'라는 서운함이 더 크게 느껴졌다. 선영은 이제 대인 관계를 이끌어 나갈 자신감이 없었다.

사실 선영의 이런 모습은 엄마의 말을 듣지 않으면 미움을 받을지도 모른다는 두려움에서 시작되었다. 선영의 엄마는 평소에는 잘해주다가도 한번 화가 나면 물건을 던지거나 언어 폭력을 행사하는 등 감정 통제가 안 되는 사람이었다. 어렸을 때부터 선영은 엄마가 언제 화를 낼지 몰라 전전긍긍 눈치를 봤다. 그런 상황을 피하기 위해 동생들을 챙겼고, 친구들과도 맞서기 싫어 맛있는 걸 사주는 등 잘 보이려 애썼다.

귀찮기는 해도 부모님 말씀을 잘 듣고 친구들에게 맞추어 주면 행복하고 즐거웠다. 그러나 작은 계기가 주어지면 그동안 쌓였던 불만들이 우르르 쏟아져 나왔다. 화가 나면 방문을 부수거나 부모님에게 심한 욕을 하기도 했다. 그러고 나면 자책감이 들며 더욱 불안해졌다. 선영의 경우처럼 참을 수 없을 만큼 감정이 쌓여 있으면 작은 일이 트리거trigger*가 되어 터질 수 있다. 선영은 자신의 내면에 불만이 쌓여 있다는 사실조차 알지 못했다.

선영은 분노가 유발되었던 사건들과 관련해 떠오르는 감정을 이렇게 표현했다. "아주 검고 진한, 끈적거리는 마그마 같은 게 느껴져요. 용암처럼 분출되어 외부로 나오면 누군가 다칠 수도 있는 엄청나게 커다란 덩어리가 제 안에 있어요. 참고 살 만한데 잘못해서 밖으로 튀어나오면 위험할 것 같아요." 선영은 삶의 무게 중심을 자신보다는 타인에게 두고 살았다. 대인 관계를 원만하게 끌고 가고 싶지만 사람들에게 무시받지 않으려면 가끔씩

---

* 트리거(trigger)의 사전적 의미는 방아쇠로, 특정한 동작에 반응해 자동적으로 필요한 동작을 실행하는 것을 말한다. '자라 보고 놀란 가슴 솥뚜껑 보고 놀란다'는 속담을 떠올리면 된다. 과거의 트라우마를 다시 경험하게 하는 자극을 바로 트리거라고 한다.

쓴소리를 해야 자신을 보호할 수 있다고 생각했다. 극단적인 방법이다.

공격성의 일종인 분노는 삶을 추진하게 만드는 힘이기도 하다. 삶의 중심이 자신에게 있으면 자신의 의사를 표현하고 진행시키는 긍정적인 역할을 한다. 그런데 삶의 중심이 외부 대상에게 있다 보면 타인은 편할지 모르지만 자기 마음은 편치 않다. 그러니 공격적인 에너지도 삐뚤어진 형태로 표출된다. 더 이상 참고 견딜 수 없다는 신호를 행동으로 표현한다. 이는 자신을 지켜내기 위해 건강한 방식으로 변화를 요구하는 본능적 에너지의 움직임이라고 할 수 있다.

우리는 일생 동안 수많은 감정들을 경험하면서 산다. 감정 중에서 가장 강력한 감정이 바로 분노다. 분노는 욕구가 좌절될 때 일어나는 감정이기에 자신의 욕구에 무언가 잘못된 것이 있음을 인식하도록 돕는다. 선영은 엄마의 칭찬이 좋아서 동생들을 챙겼지만 내면에는 친구들과 놀고 싶은 마음이 계속 좌절되는 경험을 하고 있었다. 그가 분노를 제어하지 못하는 배경에는 감정과 욕구를 억눌러야 했던 기억이 자리하고 있었다.

참다가 손절한 당신, 그런데 외로운 이유

지안은 지금까지 어느 누구와도 갈등을 겪어본 적이 없었다. 직장 생활도 잘했고 이해심이 많아 인맥도 넓은 편이었다. 하지만 지안이 먼저 사람들에게 연락해 본 적은 없었다. 아무리 친해도 만나자는 약속을 잡기 위해 전화를 걸겠다는 생각은 들지 않았다. 어디를 가든, 새로운 모임에 가더라도 대화를 잘 이끌고 스스럼없이 잘 지내지만 친구의 소식이 궁금하지는 않았다. 친구가 보고 싶어지더라도 혹시 바쁠까 봐, 자신을 반기지 않을까 봐 연락하지 않았다. 겉보기에는 밝고 구김살 없는 지안은 얼마 전부터 사람과의 만남 자체에 대한 고민이 커졌다. 그간의 만남이 힘들거나 억울한 적은 없었는데 불현듯 과거에 서운했던 일들이 떠오르며 머릿속이 복잡해져 왔다. 특히나 섭섭한 감정이 남아 있는 상대를 만나면 표정을 관리하기 힘들 정도였다.

인간관계가 불편해진 지안은 지인들의 연락처를 모두 삭제했다. 상대방의 심기를 거스르지 않기 위해 말 한마디도 골라서 하던 스스로가 짜증 났다. 사람을 만날 때 무슨 말을 꺼내야 할지, 처음 만나는 사람을 어떻게 대하는 게 자연스러운 행동인지, 이야기하면서 시선은 어디에 두어야 하는지 등 예전에는 의식조차 하지 않았던 부분들까지 지나치게 신경 쓰였다. 당연했던 것들이 더 이상 당연하게 느껴지지 않았다. 그러다 보니 피할 수 없는 공식적인 모임에만 겨우 나갔는데, 사람들을 만나고 집으로 돌아오면 가식적인 제 모습에 자책감이 들고 우울해졌다. 연락과 만남을 피하거나 어쩔 수 없다는 듯 만나는 지안의 태도에 친구들은 서운함을 느끼며 멀어졌다.

평소에는 상대방에게 잘 맞추어 주다가 어느 날 갑자기 터지는 사람을 본 적 있을 것이다. 참다가 폭발하는 경우도 있지만, 참을 수 있을 때까지 맞추어 주다가 불시에 손절하는 경우도 있다. 이들의 손절은 '잠수'와 비슷하다. 전화해도 받지 않고 메시지에도 답장이 없다. 하루아침에 모든 연락 수단이 단절된다. '당신과의 관계를 끝낼 만큼 머리끝까지 화가 났어', '더 이상 상대할 가치가 없어'라는 마음을 수동적인 방법으로 표현한다. 욱하고 터진 것이나 마찬가지다.

사람마다 관계를 대하는 태도와 무게감이 다른데, 이는 기질적 특성의 차이에서 비롯된다고 볼 수 있다. 타고난 기질을 체크해 볼 수 있는 심리 검사 중 잘 알려진 것으로 MBTI myers-briggs type indicator 검사가 있다.

지안의 MBTI 결과를 보면, F 성향이 높은 것으로 나타났다. 이는 공감이 잘 되는 특성을 의미한다. 이성보다는 감정의 비중이 높은 의사 결정을 한다고 볼 수 있다. 예를 들어, ESTJ 유형의 사람은 일과 관계에서 어떤 결정을 내릴 때 논리적이고 객관적인 사실을 중심으로 결론을 내린다. ESFJ 유형은 이와 다르다. F 성향이 강한 사람들은 일과 관계에서 어떤 결정을 내릴 때, 논리적으로 어떤 게 옳고 그른지 알지만 사람들의 감정을 생각하고 배려해서 결정을 내린다.

F 성향이 강한 지안은 언제나 자신보다 타인이 먼저였다. 지안은 외부 세계에 잘 맞추며 타인의 감정, 타인의 욕구에 기반해 자신의 욕구를 누르며 살아왔다. 지안의 억압적 태도는 부모님의 눈치를 지나치게 많이 보던 어린 시절에 시작되었다. 지안의 부모님은 경제적인 문제로 싸움이 잦았다. 돈 때문에 갈등이 깊어지는 부모님을 보며 지안은 부모님의 기쁨이 될 수 있도록 바르게 자라기 위해 노력했다. 그러다 보니 자기감정을 돌보지 않았다. 오히려 부모님의 감정과 기분을 들여다보기 바빴다. 부모를 돌보는 애어른이 되어버린 것이다. 다른 아이들처럼 가지고 싶은 물건을 사달라고 떼써 본 적도 없었다. 화가 날 법한 상황에서도 마음을 억눌렀다. 그렇게 평생 타인의 욕구에 맞춰 살아오면서 심리적으로 건강하지 못한 상태가 된 것이다.

외부 환경이 위태로우면 자신의 마음을 내세우기 어렵다. 특히나 어린 시절의 환경은 아이의 의지대로 벗어날 수 없는 문제다. 이 시기에 많은 아이가 부모에게 기쁨을 주기 위해 착한 아이 증후군 good boy syndrome에 시달린다. 자신의 감정과 상관없이 '착한 아이'가 되기 위해 자신의 욕구나 바람을 억압하는 행동을 반복하는 것이다. 지안도 다르지 않았다. 애어른이었던 지안은 너무 많은 것들을 억누르고 있었다. 그런 지안을 '아이'에서 벗어나 '어른'이 되게 하기 위해선 '타당화' 작업이 필요하다. 지안이 애어른이 될 수밖에 없었던 이유를 스스로 납득시키는 것이다. 지안은 칭찬에 얽매여 좌절했던 자신의 진심을 대면하기 시작했다. 부모님이 원하는 착한 아이, 선생님이 원하는 모범생, 친구들이 좋아하는 활달한 아이가 되기 위해 외면했던 자신의 욕구가 무엇인지 찾아냈다. 떼쓰고 싶고, 쉬고 싶고, 거절하고 싶었으나 원하는 대로 하지 못했던 의식 아래의 진실된 마음을 들여다보기 시작했다.

문제는 이렇게 터져버리고 나서야 자신이 힘들다는 사실을 간신히 깨닫는다는 것이다. 습관적으로 감정을 억압하다 보면 나중에는 불편감이 느껴져도 무엇 때문에 그러는지 정확하게 알지 못한다.

이런 경우를 생각해 보자. 일요일 점심 무렵, 친구들이 서너 명 모인다. 그중에는 말을 거르지 않고 생각나는 대로 내뱉는 친구가 있다. 그날도 어김없이 그 친구가 농담처럼 당신을 화제에 올렸는데 어쩐지 기분이 이상하다. 이상한 것 같기도 하고 아닌 것 같기도 해서 뭘 어떻게 해야 할지 몰라 애매모호한 상태로 그냥 웃어넘긴다. 그런데 집에 돌아온 뒤 머릿속에 자꾸 그 친구의 말이 떠오르며 기분이 가라앉고 짜증이 난다. 저녁을 먹고 침대에 누우니 그 말이 더욱 선명해지다 못해 그 친구가 예전에 했던 말들까지 줄줄이 떠오른다. 친구에게 화가 나면서 당시에 아무 대처도 하지 못한 자신이 한심해서 분통이 터진다. 동시에 자신이 농담에 과민하게 반응하는 건 아닌지 고민된다. 이는 뒤늦게 자신의 감정을 알아차려 대응할 타이밍을 놓쳐 벌어지는 일이다.

외로움이나 위축, 초라함이나 속상함 같은 부정적 감정은 부적절하고, 이런 감정들을 표현하는 것은 상대방과의 관계를 유지하는 데 위험하다고 생각하며 우리는 종종 우리 자신을 억압한다. 그런데 어느 수준까지는 이성의 힘으로 버틸 수 있지만 한계를 넘어서면 내면에서 심리적으로 시련과 혼란을 맞게 된다. 정신의 수면 밑 어두운 지하실에서 홀로 부산스럽게 돌아다니던 감정 덩어리가 강력한 실체를 드러내며 관계를 망가뜨린다.

부정적 감정을 조절하는 법은 화나는 순간 잘 참는 것이 아니다. 화는 자신이 원하는 바가 좌절되었을 때 본능적으로 일어나는 감정으로, 당연히 상대방을 향하게 된다. 분노의 감정을 잘 다루기 위해서는 '나'의 좌절된 감정을 어루만지는 데 초점을 두어야 한다. 상대방에게 화가 났을 때는 반드시 상대방으로 인해 좌절된 감정이 있게 마련이다. 억압하는 습관이 오래되었다면 자신이 참고 있는지조차 모를 수 있으므로 불편함이 느껴지는 작은 감정들에 초점을 두고 이를 알아차리는 것이 중요하다. 감정 문제는 주로 자신에 대한 무지에서 비롯된다. 억압된 감정의 존재조차 모르기 때문에 해결 방법도 모르고, 외부에 적절하게 대응하기도 어렵다. 현실에서 경험한 것이 어떤 감정인지 모를 때 문제가 생기므로 자신이 경험한 감정의 색깔과 농도, 크기를 알기 위한 노력이 필요하다. 좌절된 감정을 파악하고 수용해서 자신을 이해하는 것이 분노를 조절하는 데 있어 가장 중요한 부분이다.

HOW TO — 다음에 해당하는 이들을 위한 실천 방안
- 싫은 걸 내색해 봐야 좋을 게 없다는 생각을 가진 사람
- 되도록 참고 좋은 사이로 지내려고 노력하는 사람
- 폭발하는 감정이 너무 커서 컨트롤 안 되는 사람
- 갈등이 싫어서 상대에게 맞추는 사람

STEP 1. 터지기 직전까지 참고 있던 작은 감정들을 파악한다.
손절했던 경험이나 참을 수 없을 정도로 다른 사람에게 서운했던 기억을 구체적으로 떠올린다.

2. '착한' 사람이 되기 위해 밀어 둔 감정이 없는지 살핀다.

착한 사람이 되고자 노력하다 보면 그 외의 감정을 나쁜 것으로 판단하기도 한다. 그렇게 밀어둔 감정을 다시 한번 살펴볼 필요가 있다.

3. 드러낸 적 없는 감정을 표현한다.

외면하거나 지나쳤던 감정을 직시함으로써 억압된 감정이 환기된다.

자기애,
나한테만 집중돼요

윤아는 본인 이야기를 할 때는 목소리가 커지고 말이 많아지지만, 다른 사람들의 이야기를 듣고 있으면 딴생각을 하게 될 정도로 지루했다. 의도한 것은 아닌데 남의 말을 흘려들어 문제가 생기기도 했다. 그런데도 상대방의 이야기가 조금만 길어져도 머릿속이 멍해지며 급격히 집중력이 저하되었다. 이런 이유로 회사에서 실수도 잦았다.

며칠 전에는 기막힌 일이 있었다. 남자인 회사 동기가 윤아에게 자신을 연인처럼 생각하는 것 같다며 앞으로 연락하지 말라는 메시지를 보냈다. 잠자기 전에 궁금한 게 생겨서 물어봤을 뿐인데 그런 오해를 받다니 억울하기까지 했다. 이 동기와만 문제가 있었던 게 아니다. 여러 동기들과 함께 점심을 먹고 누군가가 밥값을 냈다. 며칠 뒤에 그 동기가 아주 사무적이고 차가운 태도로 밥값을 보내라는 메시지를 보냈다. 윤아는 화가 났다. 밥값을 더 치페이하기로 했다는 걸 듣지 못해서 그냥 있었을 뿐인데, 꼭 그렇게 딱딱하게 말할 필요는 없지 않나 싶어 화가 났다. 이런 경험들이 쌓이면서 동기들 사이에서 묘한 소외감을 느꼈다. 그룹에서 떨어지면 큰일 날 것 같아 쫓아다니고는 있지만 갈피를 잡을 수 없었다.

"제가 심리 상담받는 걸 엄마가 알면 큰일 날 거예요." 회사 점심시간을 이용해 상담을 받으러 온 윤아는 상담을 시작하자마자 그렇게 말했다. 윤아는 엄마의 보호(그늘) 아래 자랐다. 어린 시절부터 'ㅁ은 안 돼, △도 안 돼'라는 제재를 수없이 받으며 자랐다. 불안감이 큰 편인 윤아의 엄마는 세상의 모든 위험으로부터 자신의 딸을 보호하려 했다. 하교 후 친구들과 노는 것도 제한했고, 조원들과 함께할 과제가 있어도 참여를 만류했다. 하물며 학교 현장 학습조차 보내주지 않았다. 수학여행은 당연히 허락되지 않았다. 아무리 울고불고 떼를 써도 소용없었다. 집 밖에서 하는 활동은 모두 차단되었다. 친구는 필요 없고 가족이 제일 소중하다는 말을 듣고 자라서인지 자신이 문제라고 생각한 적은 없었다. 친구들과 주거니 받거니 하며 대인 관계를 맺어본 경험도 없다. 그러다 보니 불안에 대한 엄마의 욕구는 채워졌어도 윤아의 욕구는 대부분 차단될 수밖에 없었다. 적절하게 자신의 욕구를 충족해 본 경험이 있어야 좌절했을 때 딛고 일어설 힘이 있는데, 윤아에게는 그런 힘이 없었다.

스위스의 인지발달 이론가 장 피아제Jean Piaget에 따르면, 2~6세경을 '전조작기preoperational period'라고 한다. 전조작기의 아이들은 자기중심적 사고를 한다. 대표적인 예로 전조작기 아이들을 대상으로 한 '세 산 모형 실험'이 있다.

탁자 위에 모양과 색깔, 크기가 각기 다른 산 모형 3개를 올려 놓는다. 제일 큰 오른쪽 산의 정상에는 흰 눈이, 가장 작은 산의 정상에는 집이 있다. 왼쪽 산의 정상에는 십자가가 있다. 아이에게 탁자 주변을 돌면서 모형을 살피게 한 후 자리에 앉힌다. 그리고 반대편에 인형을 앉힌 뒤 과제를 낸다. 사진 몇 개를 보여주며 자신이 바라보는 산의 사진과 인형이 바라본 산의 사진을 고르라고 했을 때 아이들은 자신과 인형이 같은 것을 본 것처럼 같은 사진을 골랐다. 인형은 자신과 반대편에 있는데 말이다. 이 시기의 아이들은 타인이 다른 관점을 갖고 있다는 것을 아직 이해하지 못한다. 어른으로 성장하는 것은 자신의 관점을 지니면서 타인의 관점도 인정하는 것이다. 그래야 사회의 일원으로서 타인

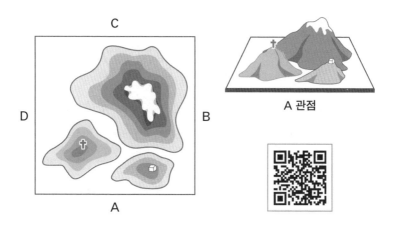

세 산 모형 실험 그림과 영상(QR코드)

과 함께 살아갈 수 있다.

코미디언 이영자는 방송에서 이렇게 말했다. "난 늘 방황했어요. 나를 낳았다고 해서 사랑한다고, 안다고 생각하죠. 아니요. 표현해 주어야 돼요. 사랑해 주어야 돼요. 그래야 세상에 나가서 이길 수 있는 힘이 생겨요. 살 수 있는 힘이 생겨요."

심리학을 공부하지 않은 사람들도 잘 알고 있는 사실이 있다. 좌절 앞에서 위축되지 않고 걸어 나갈 수 있는 힘은 존재 자체로 수용받았던 경험에서 나온다. 건강한 어른이 되기 위해서는 누군가에게 가장 소중한 사람이 되어본, 존재 자체로 수용받았던 경험이 중요하게 작용한다. 누군가에게 내가 중요한 사람이었던 경험은 홀로 겪어나가야 하는 세상에 도전할 수 있는 힘을 길러 준다. 어려움이 예상될지라도 호기심을 가지고 다양한 시도를 할 수 있게 해주는 원동력이 된다.

대부분의 부모는 자기 아이가 천재라고 생각한다. 아이들의 자기중심성을 받쳐주는 부모의 본능이다. 그런데 윤아는 부모의 불안 때문에 자신의 욕구를 조금도 펼치지 못했다. 엄마가 만들어 놓은 울타리 속에서 모험과 호기심의 자극들을 꺾으며 살 수밖에 없었다. 자기중심적 욕구가 적절하게 충족되어야 좌절을 경험하면서 타인의 관점을 인정하고 성숙해질 수 있다. 이것도 안되고 저것도 안 되는 환경에서 성장하면 자기애적 욕구가 충족되기 힘들다. 그로 인해 자기중심적 욕구에 고착되어 벗어나지 못하게 된다. 적절한 충족 경험을 통해 이로부터 벗어나야 한다.

'세 산 모형 실험'은 아이들에게는 자신의 입장만 존재하고 타인도 자기와 같을 거라고 생각한다는 것을 보여준다. 그런 면에서 윤아는 밤 시간은 지극히 사적인 시간대라 직장 동료에게 연락하기를 다들 조심스러워하는데 자기 궁금증을 해결하고 싶은 욕구가 강해서 상대를 배려하지 못했다. 즉, 타인의 관점이 없었다. 더치페이를 하는지 몰라 밥값을 주지 못한 것인데, 밥값을 달라는 메시지를 받아 미안함보다 억울함이 앞섰던 것도 같은 이유다.

원래 마음이 어리면 억울함도 많은 법이다. 내가 좋아하는 것을 상대방도 좋아할 거라 생각해 일방적으로 해주는 것도 자기중심적 태도다. 타인의 취향이 고려되지 않은 행동이다. 인간은 본능적으로 이기적인 성향을 가지고 있다. 어렸을 때 타인의 욕구에 맞춰서 사느라 자기중심적 욕구를 채우지 못하면 성인이 되어서 숨어 있던 자기중심적 욕구가 튀어나온다. 어렸을 때는 애어른처럼 의젓했다는데 성인이 된 뒤 아이처럼 구는 사람들이 적지 않다. 채워지지 못한 자기중심적인 욕구가 드러나 부적응적인 자기중심적 태도를 보이는 것이다.

자기중심적 욕구의 과도한 충족이 불러일으키는 유아적 자기애

정우는 자신이 고생하며 자란 탓에 자신의 아이를 최고로 키우고 싶었다. 최고의 학군, 최고의 학원, 최상의 음식, 최고의 호텔, 안 가본 곳 없고, 안 해본 운동 없이 키웠다. 가족 모두 아이에게 "네가 최고다", "네가 옳다", "네가 가장 훌륭하다"고 말하며 자신감을 잃지 않도록 노력했다. 초등학교 때까지는 아이도 가족들도 모두 만족스럽고 행복했다. 그런데 중학교에 입학하고 나서 아이가 사람들에게는 싫다는 말 한마디 못한다는 문제가 있음을 알게 되었다. 집에서는 제왕처럼 군림하면서 원하는 것을 들어주지 않으면 부모에게 욕설을 내뱉고 폭력까지 행사하는 아이가 집 밖을 나서면 어렵지 않은 거절 하나 제대로 하지 못했다. 좌절해 본 경험이 많았던 부모의 욕심이 아이가 자라지 못하게 막은 것이다. 유아적 자기애는 적절한 좌절을 경험해야 벗어날 수 있는데, 가족이 희생하더라도 아이의 욕구를 충족시켜 주다 보니 사회에 적응하지 못하고 유아 상태에 고착된 것이다.

칼 융은 "아이에게 가장 강력한 영향력을 발휘하는 것은 바로 부모가 이루지 못한 삶"이라고 했다. 정우는 '삶이 원하는 대로 이루어지지 않는다'는 모두가 다 아는 만고의 진리를 자신의 아이만 모르게 만들었다. '원하면 다 이루어진다'고 무의식적으로 생각하게 만든 것이다. 정우는 성공만 경험하고 좌절을 느끼지 않게 하는 것이 아이를 잘 키우는 방법이라고 생각했다. 그런데 자신의 욕구를 충족하면서 적절하게 좌절을 경험해야 현실에 적응해 행복하게 살 수 있다. 현실에는 100퍼센트 성공이나 100퍼센트 실패만 있지 않다. 소소한 좌절을 경험하고 극복하는 과정을 겪지 못한 아이는 사회에 적응할 수 없다.

하나의 욕구를 충족하고 나면 다른 욕구를 충족하고 싶은 게 사람의 본능이다. 그런데 욕구는 꼭 완벽하게 충족되어야 하는 존재가 아니다. 좌절을 동반해서 적절하게 욕구가 충족되어야 한다. 완벽함이 아니라 온전함을 추구하는 것이 건강한 사고방식이다. 완벽은 신의 영역으로, 인간인 우리가 닿기에는 불가능한 경지다.

자기심리학의 대가인 하인즈 코헛은 유아적 자기애와 성인의 자기애를 구분했다. 자신을 가치 있게 여기고 사랑하는 자기애적 욕구는 자연스러운 현상이다. 웅대한 자기상으로 특징할 수 있는 유아기에는 자신이 제일 중요한 존재이고 세상은 자신을 중심으로 돌아간다고 생각한다. 유아기가 지나 성인이 되면서 웅대한 자아상은 꺾이고, 환경과 자신의 관계에서 적절한 좌절을 겪으며 욕구에 한계가 있음을 깨닫게 된다. 즉, '적절한 좌절'을 경험하면서 사회에 적응한다. 한계와 좌절을 인정하고 새로운 방향으로 자신을 성장시켜 나가야 한다.

제왕적 위치는 좌절이 없는 상태로, 충분한 만족감을 느낀다. 세상에 대한 어떠한 거리낌도 느끼지 않는다. 하지만 그 같은 충족감은 일시적일 뿐이다. 우리가 살아가는 세상은 나만 존재하는 게 아니라 환경도 있고 주변 사람들도 존재한다. 상황조차도 나만 위해 존재하지 않는다. 좌절 없는 욕구 충족은 일시적 승리감을 주지만 경계나 한계가 없기 때문에 불안감이 생길 수밖에 없다. 아이들은 누구나 어른이 되고 싶어 한다. 그 과정에서 견뎌낼 만한 좌절이 적절하게 주어져야 한다. 그렇게 세상을 받아들이는 과정을 경험하다 보면 자신의 한계를 인정하는 성숙한 어른으로 거듭난다.

자기중심적 상태에서는 타인의 모습이 보이지 않는다. 무엇보다 자신의 모습이 정확하게 보이지 않는다. 자신을 강조하는 것을 멈추고 주위를 둘러보면 '나'를 발견할 수 있다. 타인이 주인공이 되었을 때 어떤 생각과 감정이 느껴지는지 살펴보고 좌절의 감정을 느껴보자.

HOW TO — 다음에 해당하는 이들을 위한 실천 방안

- 자신의 이야기를 할 때는 신이 나고 타인의 이야기는 재미없는 사람
- 대화할 때 대부분 자신의 이야기로 끌고 가는 사람
- 타인이 중요시하는 것들을 기억하지 못하는 사람

STEP 1. 자신의 이야기를 중단하고 관계 속에서 자신의 모습을 관찰한다.

조용히 관찰하고 살펴보면 내가 알지 못했던 모습을 발견할 수 있다.

2. 잠시 멈춘 뒤 불편함을 견뎌 본다.

'멈춤'은 심리학에서 떼려야 뗄 수 없는 항목이다. 멈춤 속 어색한 적막을 견디다 보면 멈춤이 주는 여유를 누릴 수 있고 숨 쉴 틈을 찾을 수 있다.

3. 내가 기대했던 마음과 좌절된 감정을 찾는다.

멈추고 난 뒤에는 포장되지 않은 마음을 발견할 수 있다.

말하지 않아도
알아주면 좋겠어요

상담 첫날, 주원은 봇물이 터진 것
처럼 자신이 힘들었던 에피소드를 쏟아냈다. 3~4회기의 상담 동
안 쉴 틈 없이 자신의 이야기를 하고서는 이제는 다 이야기했다
는 듯 나를 빤히 쳐다보았다. 상담자로서 대답해야 할 차례가 되
었다고 느껴졌다. 상담 초기에 내담자의 이야기를 듣고 적절한
조언을 건네기란 쉽지 않다. 내담자가 어떤 사람인지 잘 모르기
도 하지만 안다고 해도 초기 단계에서는 상담자의 분석이나 조언
이 마음 치료에 효과적이지 않기 때문이다. 심리 상담은 외면했
던 자기 마음을 찾아가는 과정이기에 내면의 소리가 나오게 돕는
것이 마음을 성장시키는 데 훨씬 효과적이다. 그래서 상담자들은

내담자의 이야기를 다 들은 후에 심리 분석이나 평가 또는 조언을 하기보다는 중요한 에피소드들에 관해 다시 여러 가지 질문을 한다. 이 경우에도 마찬가지였다.

"그 말을 들었을 때 어떤 마음이 들었나요?", "어떻게 말하고 싶었어요?", "지금 가장 힘든 게 어떤 건가요?"처럼 객관적인 상황에 대한 설명 말고 내담자의 좌절된 감정이나 상대방에게 기대했던 마음들을 표현하게 도왔다. 이런 질문을 처음 받았는지 주원은 대답하지 못했다. 자기 마음이 검고 뿌연 안개 같아서 어떤 감정이라고 말하기 어렵다고 했다. 힘든 감정에 휩싸여서 아무 말도 못 하는 아이를 보는 것 같았다. 아이의 마음을 알아주는 엄마처럼 어떤 점이 어떻게 불편한지 스무고개 하듯 물어봐도 모르겠다는 대답만 돌아왔다. 마음에 확실한 정답이 있는 건 아니지만 그래도 지나치게 곁에서 뱅글뱅글 돌았다. 어떻게 해주면 좋겠냐는 질문에 다시 한참 망설이던 주원이 간신히 대답했다. "제가 말하지 않아도 선생님이 제 마음을 알아주면 좋겠어요."

주원은 어렸을 때부터 화가 나면 엄마가 풀어줄 때까지 며칠씩 방 안에서 나오지 않았다. 처음에는 가족들이 버릇을 고치겠다고 내버려두었으나 며칠씩 밥을 굶으며 방에만 틀어박혀 있으니 결국 식구들도 백기를 들었다. 그는 엄마가 이것저것 물어보며 불편한 감정을 알아줄 때까지 아무 말도 하지 않았다. 자신의 불만을 먼저 이야기해 본 적이 없었다. 그래서 아직도 수동적이고 의존적인 모습을 보인 것이다.

말하지 않아도 상대방이 알아주기를 바라는 마음은 초기 아동기에 부모에게 요구하는 마음이다. 아직 말 못 하는 아기들은 말하지 않아도 엄마가 마음을 알아준다. 몸으로 보내는 신호를 민감하게 알아차린다. 아이가 입술을 달싹거리며 울면 엄마는 아이가 배고프다는 신호임을 알아차린다. 약간의 신호만 보내도 알아서 충족시켜 준다. 아이가 끙 하는 소리와 이상한 표정을 지으며 힘을 주면 용변을 처리해 깨끗한 상태로 만들어 준다. 이 시기에는 몸은 분리되었어도 아이와 엄마의 마음이 하나인 것과 마찬가지다. 나와 외부의 대상이 하나로 합체된 상태는 의존적인 관계다. 심리적으로 연결되어 있기에 아이의 마음과 엄마의 마음이 구분되지 않는다. 심리적 거리가 0이니 경계 또한 만들어지지 않는다. 엄마가 울음을 참으려고 입을 씰룩거리기만 해도 아이들은 엄마를 따라 운다. 엄마의 마음이 아이의 마음과 동일한 것이다.

어른이 되어서도 남들의 마음이 자신의 마음과 같을 거라고 착각하면 문제가 생긴다. 심리적 독립이 안 되어 자신의 욕구인지 타인의 욕구인지 구분하지 못하는 상태라면 의존성이 높다고 할 수 있다. 의존 욕구가 충분히 채워지면 독립하려는 게 모든 생명체의 본능이다. '중요한 대상과 하나'되는 안전 경험을 거쳐야 홀로서기 단계로 성장할 수 있다. 성인이 된 후에도 의존성이 높다면 초기 아동기에 충족되지 못한 의존 욕구가 남아 있다고 봐도 된다. 주원의 경우, 어른이지만 부모가 아닌 다른 사람과의 관계에서도 자신의 마음을 알아주기를 바라는 의존 콤플렉스가 상담자와의 관계에도 영향을 미쳤다고 볼 수 있다. 다른 대인 관계에서도 그의 태도는 크게 다르지 않았다. 해결되지 않은 감정에 지배되고 있었다.

정신은 충분한 돌봄을 통해 성장한다. 누군가에게 의존하며 사는 상태에서 홀로 살아갈 수 있는 독립성을 갖추기 위해서는 신체적인 돌봄은 물론 정서적인 돌봄이 필요하다. 주양육자가 믿고 수용해 준 경험은 자기 자신을 신뢰하고 수용하는 자아 존중감으로 옮겨간다.

그릇을 깨뜨리거나 실수하더라도 "안 다쳤어? 놀랐지. 걱정하지 마. 다음에 조심하면 돼"하며 아이의 신체와 마음의 안전을 중시해 주어야 한다. 실패하고 넘어지면 당연히 힘들지만, 그래도 그런대로 괜찮으며 무서워서 겁에 질릴 정도의 문제는 일어나지 않는다는 사실을 알려야 한다. 실패를 수용함으로써 안심을 경험하게 해야 한다. 그러면 아이의 마음속에는 '좌절했지만 견딜 만하네'라는 좌절에 대한 내성이 생긴다. 마음의 힘이 생긴 아이는 다음에 또 좌절하더라도 '괜찮아, 잘 버티자'라고 스스로 다독이면서 자신이 할 수 있는 다른 방법을 찾아 나선다.

그런데 실수했을 때 "도대체 정신을 어디에 두고 사니? 왜 이렇게 나를 힘들게 하니!"라며 혼난 경험이 많은 아이라면, 실수할 때마다 실제 상황에서 마주하는 것보다 더 힘든 감정에 시달린다. 이런 아이들은 수용된 아이와 다른 세상을 경험한다. 실수하면 사람들이 자신을 부정적으로 평가할 것이라는 내면의 렌즈가 생긴다. 사람들의 평가와 시선에 많은 에너지를 쏟으며 세상을 헤쳐나가게 된다. 또한 자신에 대해서도 자동적으로 자기혐오적 평가를 하게 된다. 신뢰와 수용의 경험은 아이의 자아 존중감에 큰 영향을 미친다. 성인이 된 후에도 '나'를 믿어주는 단 한 사람의 존재가 큰 힘이 되는 이유다.

지나친 관심이 홀로서기를 방해한다

부모님이 알려주는 대로 열심히 산 서호는 성인이 된 후 억울하기만 했다. 스스로 알아서 하는 형들과 달리 막내인 자신은 부모님이 시키는 대로 했다. 덕분에 여러 방면에서 뛰어난 성과를 냈고 부모님께도 많은 지원을 받을 수 있었다. 서호는 부모님을 깊이 신뢰했고, 현명하며 대단한 분들이라 여겼다. 그런데 대학에 입학한 후 문제가 생겼다. 학기 초 대학 동기들과 이야기하다가 자연스럽게 가족 이야기가 나왔다. 아무렇지 않게 아버지가 얼마나 대단한 분인지 이야기했는데 순간 분위기가 싸늘해졌다. 아무도 자신의 부모님을 그렇게 자랑하듯 말하지 않았는데, 서호만이 신나서 부모님 이야기를 떠들고 있었다. 동기들은 다 어른인 것 같은데 자신만 어린아이처럼 느껴졌다. 그때부터 부모님 때문이라는 원망이 커지면서 어엿한 직장인이 된 지금까지도 부모님의 말이라면 다 거역하면서 정작 스스로 아무것도 하지 않는 상태에 빠지고 말았다.

누군가를 향한 신뢰도가 100에서 −100으로 뒤집히는 것은 어린아이 같은 흑백 논리다. 계속 의존적인 상태에 머물렀던 서호는 현명한 부모님이 제시해 주는 방향을 따르느라 스스로 생각하고 선택하는 자발적인 과정을 경험하지 못했다. 내면이 성장하면 100퍼센트 타인을 믿던 마음이 서서히 자신에 대한 믿음으로 옮겨온다. 이 과정이 원활하게 이루어지려면 자발적 선택 과정을 경험해야 한다. 어린 시절에는 부모님이 제공하는 울타리 안에서 생활해도 문제가 되지 않지만, 스스로 목소리를 내야 할 어른이 되어서도 심리적 독립이 이루어지지 않으면 곤란하다.

심리적 독립체로 서 있지 않으니 자연히 대인 관계도 어려워진다. 자신의 목소리를 내본 적 없는 서호는 취업한 뒤에도 늘 참기만 했다. 자신이 힘든 것을 알면서도 동료나 선배들이 도와주지 않는 데 분노까지 느꼈다. 팀 내에서 야근과 주말 근무를 제일 많이 했기 때문에 다들 최소한의 양심이 있다면 자신이 힘든 걸 모를 리 없다고 생각했으나 실제로 불만을 토로해 본 적은 없었다. 그렇게 3년을 버티다 퇴사하고 직장 동료들의 연락처를 모두 차단했다. 말하지 않아도 남들이 알아주기를 바라는 태도가 서호의 머릿속에 뿌리 깊게 박혀 수동적으로 행동하면서 자신은 분노에 사로잡혀 있는 것이다.

누군가의 지나친 관심은 자기 삶을 살아 나가는 데 방해물이 된다. 더군다나 그 대상이 세상에서 가장 의존할 수밖에 없는 부모님일 때는 문제가 더 커진다. 부모의 관여도가 높아지면 자녀가 혼자 산다고 한들 자립했다고 보기 어렵다. 지방에서 자취하면서도 "저녁 메뉴를 정할 때 엄마에게 전화로 물어봐요"라고 말하는 사람도 있었다. 식사 메뉴조차 선택하지 못할 정도로 자기 확신이 없는 것이다. 메뉴 하나 잘못 고른다고 해서 큰 문제가 생길 리 없는데 선택 자체에 불안을 느낀다. 자식이 아픈 것을 견딜 수 없어 유아적 자기애가 깨지지 않게 막는 부모는 그것이 사랑이라 말하겠지만 어찌 보면 이는 학대일 수도 있다. 자녀가 직접 겪어야 하는 과정까지 부모가 막아서고 있으니 말이다.

스스로 갈등하고 고민해 봐야 스스로 피드백할 수 있다. 자기 안에 검열하는 필터링이 있어야 한다. 작은 선택이라도 직접 해 봐야 한다. 가령 친구들과 약속을 잡더라도 다른 사람들의 의견을 무작정 따르는 게 아니라 자신의 현재 상황이 괜찮은지, 그날 다른 일은 없는지 고려하는 등 내면에 자기 검열 장치가 있어야 한다.

$(HOW\ TO)$ ── 다음에 해당하는 이들을 위한 실천 방안

- 선택에 어려움을 겪는 사람
- 좌절을 경험할 때 의지할 외부 대상을 찾는 사람
- 의지할 대상이 없으면 불안해지는 사람

$(STEP)$ 1. 관계 혹은 일상에서 작은 선택을 한다.

거창하지 않아도 사소한 선택을 하는 경험이 쌓이면서 선택에 대한 자기 확신이 생긴다.

2. 선택에 뒤따르는 수용과 거절을 경험한다.

나의 선택과 의사 표현은 결국 수용 경험과 거절 경험을 축적시켜준다. 이런 경험을 쌓으면 선택에 대한 두려움뿐만 아니라 거절에 대한 두려움도 줄어든다.

3. 타인과 입장이 다를 때 조금 더 용기를 내 의견을 피력해 본다.

입장 차이는 언제 어디에서나 존재한다. 다른 의견을 마주할 때 서로 맞추어 나가는 과정도 필요하지만 자신의 의견을 명확히 내세워 보는 과정도 필요하다.

나를 위한 선택인가
타인을 위한 선택인가

유나는 업무 지시가 내려오면 어떻게든 제 날짜에 맞추어 마감했다. 바쁠 때는 야근도 하고 주말 출근도 하면서 마감을 맞추었는데, 다른 직원들은 툴툴거리며 다른 사람에게 도움을 요청했다. 무슨 일이 있어도 혼자 해결하는 유나는 쉽게 도움을 요청하는 사람들이 부럽기만 했다. 남들에게 부탁하는 건 자신의 미흡함을 드러내는 것 같아 유나로서는 선뜻 입이 떨어지지 않았다. 그런데 최근 회의 중 유나는 자신에게 일을 맡기려는 분위기가 형성되자 욱해서 "더 이상 못 하겠습니다"라고 말했다. 평소의 차분했던 모습은 온데간데없이 격앙된 유나의 모습에 다들 잠시 놀란 듯했으나, 다행히 알겠다는 말과 함께 정리되었다. 사실 전부터 동료들이 유나에게 혼자 앓지 말고 도움을 요청해야 도와줄 수 있다고 여러 차례 이야기했다. 유나는 언성을 높이고 나서야 자신이 거부 의사를 명확히 밝히지 않으면 다들 괜찮은 줄 안다는 사실을 깨달았다.

유나는 나무랄 것 없는 학벌, 직업, 가정 환경을 가지고 있었다. 그러나 이상하게 느껴질 정도로 남들을 의식하고, 부탁하기를 꺼렸다. 사소한 일에도 불안해하며 끊임없이 타인을 통해 안전성을 확인해야 안심했다. 어렵사리 제 고단함을 언급하더라도 자신이 잘못한 것 같다는 생각에 후회하기 일쑤였다. 다정한 연인이 있지만 연인에게조차 사소한 요구 하나 못 하고 눈치만 봤다. 그녀가 이렇게 된 데는 아빠의 영향이 컸다.

유나의 아빠는 오래전, 집안 사정 때문에 전문직을 공부하다가 포기했다. 그래서인지 딸에 대한 기대가 컸다. 어쩌다 유나가 기대 이하의 성과를 내면 믿을 수 없이 차가운 얼굴을 했다. 성적이 좋아도, 성과가 좋아도 유나는 아빠의 엄격한 잣대로 인해 항상 불안했고 부족함을 느꼈다. 그런데 최근 들어 외부 세계에만 초점을 맞추고 살아온 자신의 모습에 회의감을 느끼게 된 것이다.

칼 융은 철저하게 자기 자신이 될 것을 강조하면서도 사회의 구성원으로 참여하는 것의 중요성을 강조했다. 인간은 독립된 개별적인 존재인 동시에 집단의 일원이다. 이 두 가지 역할을 잘해내기 위해서는 내적 세계는 물론이고 외적 세계에도 잘 적응해야 한다. 내적 세계는 내부의 안테나를 통해 내면에서 일어나는 감정을 알아차리는 것으로, 자기 입장을 세우는 중요한 기능을 한다. 외적 세계는 외부의 안테나를 통해 사회에서 필요로 하는 역할을 알아차리고 페르소나를 만들어 가는 기능을 한다.

내면의 소리를 잘 알아차리는 내부의 안테나는 '○○하고 싶다(wish)' 같은 자신의 욕구나 감정에 귀를 기울이는 힘을 말한다. 자신의 욕구나 감정을 스스로 잘 감지하고 상황에 따라 조절할 수 있다면 내부의 안테나가 잘 작동하고 있다고 볼 수 있다. 외부의 안테나는 '○○해야 한다(must)' 같은 외부 세계의 욕구에 귀 기울이며 적응할 수 있도록 돕는다. 외부 세계는 우리에게 사회적인 덕목을 요구한다. 사회적 질서를 유지하기 위해서는 법이나 규칙을 지켜야 하고, 학교에서는 교칙을 따르고 선생님의 말씀을 들어야 한다. 집에는 부모님의 말씀이나 가정의 규칙들을 지켜야 한다. 이는 공동체를 유지하기 위해 반드시 필요하다. 하지만 외부의 안테나에 과도하게 치우치면 주관이 흐릿해지는 문제가 발생한다. 인간은 자신이 누구인지 제대로 인식하면서 사회의 구성원으로 잘 지내야 한다. 어느 한쪽이 소홀해지면 현실의 삶에 문제가 생긴다.

자신에게 'ㅇㅇ해야 한다'라는 외부 안테나의 규칙이 많다면 내가 진정한 '나'로 존재하는지 고민해 볼 필요가 있다. 외부 세계의 비중이 높기 때문에 이런 모습이 나타나는데, 엄격한 의미에서 볼 때 여기서의 '나'는 진정한 '나'라기보다는 '사회 구성원으로서의 나'일 가능성이 높다. 예를 들어, 착한 아이 증후군이 있으면 '착하게 행동해야 한다'는 심리적 부담이 클 것이다. 착하게 행동하지 않으면 잘못했다는 부담감에 자책하게 된다. 남이 나를 어떻게 생각하느냐가 중요해질수록 타인의 시선에 민감해지고 타인의 요구에 순응해야 한다는 강박 관념이 생긴다. 외적 욕구를 충족시키기 위해 결국 자신의 욕구가 배제된다. 여기서 절충안을 찾기란 어렵다. 외부에 맞추어 사는 패턴이 지속될수록 자신의 생각이나 느낌에 대한 확신은 줄어든다. 외부의 안테나에 과도하게 치우치면 페르소나적 인격만 남아 불안이 높아지고 자존감이 낮아진다.

자신의 행동을 자신이 평가하지 않고 타인이 평가하게 내버려두면 불안해질 수밖에 없다. 우리는 자기 행동에 대한 평가를 통해 자신감을 얻기도 하고 후회하기도 한다. 스스로의 피드백을 통해 자아상을 확인해야 한다.

주관적인 관점을 통한 자아 의식의 성장

외부 세계에 너무 맞추다 보면 불안이 커지고 자기로부터 멀어진다. 중학교 무렵부터 자신의 이야기를 거의 하지 않았다는 윤희 역시 그런 사례였다. 윤희는 어려서부터 자존감이 낮았지만 살면서 큰 트라우마라고 느낄 만한 일은 겪지 않았다. 그래도 별 탈은 없었는데 직장에 다니면서부터 어려움이 생겼다. 사람들과 있으면 '이렇게 말해도 될까?', '이게 정상인가 비정상인가?' 검열하느라 업무가 힘들 정도였다. 회사에서 에너지를 전부 빼앗겨 집에 오면 탈진 상태가 되었다.

외부 환경에 자신을 드러내지 않으면 중심 주체가 점차 작아진다. 오랜 시간 자신을 외면한 탓에 혼자서는 제대로 서 있지도 못하는 '유리 멘털' 상태가 된다. 자신의 입장을 표명하고 검증한 적 없으니 이는 당연한 결과다. 본인이 무엇을 느끼는지 알 수 없고, 느끼더라도 표현해 본 적 없어서 아무런 반응도 하지 못한다. 불안이 클 때는 출렁임 때문에 공허함을 느끼지 못한다. 그러나 불안이 가라앉으면 텅 빈 마음이 서늘하게 느껴질 만큼 허전해진다. 자라지 못한 내면은 공터처럼 텅 비어버린다.

"남들이 하는 대로 따라 하면서 사람들에게 맞추며 살았어요. 그런데 제가 뭘 어떻게 하고 싶은 건지 모르겠어요"라고 말하는 경우도 마찬가지다. 초점이 외부 세계에 치우쳐 있으면 자기 마음이 선명하게 인식되지 않는다. 외부 안테나가 길어지면 내부 안테나가 짧아진다. 오랜 시간 감정을 억압해 이것이 습관화되면 내부의 안테나가 기능을 상실한다. 낮에 불쾌한 일을 경험해도 몇 시간이 지나 밤이 되어서야 알아차리거나, 며칠이 더 흐른 뒤에야 억울함을 느낀다. 자신의 마음인데도 알아차리는 데 시간이 걸린다. 상대방이 무례하게 침범하는데도 알아차리지 못한 채 마냥 좋은 사람으로 있다가 어느 날 사소한 일로 관계의 파국을 맞기도 한다. 마음속에서 느껴지는 이물감을 크기가 커진 뒤에야 간신히 알아차리기 때문이다. 상대방이 경계를 넘어서 침범하려 했다는 사실을 바로 인지했다면 파국으로 가기 전에 이를 적절하게 표현해서 갈등을 해결했을 텐데 그러지 못하는 것이다.

반대로 내부 세계에만 치우친다면 현실에 적응하는 데 어려움이 생긴다. 자신의 생각과 입장만 옳다고 여기면, 타인의 소리를 외면하게 되어 사회에 적응하기 어렵다.

인간은 자신과 사회, 자신과 가족, 자신과 친구, 자신과 현실 속에서 적절하게 타협하며 살아간다. 외부의 요구에만 맞추다 보면 나를 잃게 되고, 나의 욕구만 주장하면 비사회적인 사람이 된다. 자신과 사회적 기대 사이에서 적절하게 타협하려면 자신이 어떻게 느끼는지 알아야 한다. 수용 가능한 범위가 어느 정도인지 알아야 자발적 선택이 가능하다. 공부를 잘해야 한다(must)는 부모님의 기대와 공부를 잘하고 싶은(wish) 나의 욕구가 일치하면 아무런 문제도 생기지 않는다. 그러나 공부를 잘해야 한다는 부모님의 욕구와 운동을 잘하고 싶은 나의 욕구가 다르다면 어떻게 해야 '나'를 잃지 않고 살아갈 수 있을지 고민해 볼 필요가 있다.

심리 상담을 할 때면 사람들이 '나'라는 주어를 얼마나 사용하는지 살핀다. 마음속에 자기중심이 얼마나 잡혀 있는지 보기 위함이다. 그리고 사람들은 대개 마음이 너무 흔들려서 중심을 잡기 힘들 때 상담실을 찾는다.

"친구들은 제 이야기에 관심이 없어요."

"주말이면 부모님이 저 혼자 사는 집으로 찾아오는데 제가 뭘 하는지 통제하려고 오시는 것 같아요."

진짜 하고 싶은 마음은 표현되지 않는다. 힘들고 화나고 속상한 마음을 표현할 수는 있지만 자신의 어떤 욕구가 좌절되었는지에 대해서는 표현하기 어려워한다. 상담자는 "그때 어떻게 하고 싶으셨나요?", "친구들의 태도를 보고 어떤 감정이 들었나요?", "어떤 기대를 했나요?" 같은 질문을 통해 남들이 어떻게 했다는 타인 중심의 서술에서 자신이 중심이 되는 방향으로 초점을 옮기

게 돕는다. 내담자들은 내부 안테나를 작동시키는 질문을 들으면
서 자신의 마음속을 들여다보고 다음과 같은 대답을 한다.

"다른 친구처럼 제 이야기도 궁금해하며 먼저 물어봐 주면
좋겠어요."

"주말에는 아무 간섭 없이 자유롭게 쉬고 싶어요. 부모님께
서 토요일에는 집에 오지 말라는 제 말을 들어주면 좋겠어요."

상담은 혼자 감당하기 어려운 좌절감을 전문가와 함께 마주
하는 과정이다. 질문을 통해 작동을 멈추었던 내부 안테나가 건
강하게 움직이도록 돕는다. 그럼으로써 자신의 소리를 표현해
내면을 일깨우도록 유도한다. 주체가 되어 자신의 좌절된 욕구
를 만나도록 이끈다. 외부 세계에서 내면의 좌절된 감정으로 무
게 중심을 이동시키면 내면의 힘이 자란다. 별것 아닌 것처럼 보
일지라도 주관적인 관점을 가져야 비로소 엄밀한 의미의 자아의
식이 성장한다. 성숙한 자아가 구축되면 대단한 것에도 현혹되지
않고 유혹당하지 않는다.

현재 자신의 상태나 문제를 명확하게 아는 것만으로도 과거
에서 벗어날 수 있다. 자기감정은 충분히 이기적으로 존중되어야
한다. 그래야만 나라는 주체감이 내면에서 채워져 공허하지 않다.

— 다음에 해당하는 이들을 위한 실천 방안

- 나보다 타인을 중심으로 한 주어를 많이 사용하는 사람
- 'ㅇㅇ해야 한다' 같은 틀이 많은 사람
- 자기 견해에 대한 확신이 없는 사람

STEP 1. 틀을 정하고 그 틀 안에서만 행동한 경험이 없는지 살핀다.

'ㅇㅇ해야 한다' 같은 틀로 행동에 제약이 생긴 경험이 있는지 파악한다.

2. 어떤 경우에 'ㅇㅇ을 하고 싶다'는 욕구를 억제하는지 살핀다.

내가 제한하는 욕구를 살펴봄으로써 마음의 축이 어디에 있는지 알아차릴 수 있다.

3. 무언가를 원하고 하고 싶은 욕구를 높이기 위한 계획을 세운다.

'해야 한다(must/should)'는 욕구는 자칫 '나'를 억압할 수 있지만, '하고 싶다(wish)'는 욕구는 곧 '나'와 연결된다.

더 이상
'아무거나 좋아요'는
없다

건우는 코딩이 한창 인기 있을 무렵 코딩 공부를 했다. 하지만 생각보다 어려워 수업 중에도 멍하니 있을 때가 많았다. 당연히 진도를 따라가지 못해 코딩 공부를 중단할 수밖에 없었다. 카페에서 아르바이트를 시작한 뒤에는 일한 지 얼마 지나지 않아 카페를 창업해야겠다는 생각을 했다. 그러나 두 달 정도 뒤에는 부모님의 권유로 공무원 시험을 준비하기로 했다. 교재도 사고 강의도 등록했지만 2주 정도 해보니 영 공부가 안 돼서 그만두었다.

무엇이 문제일까? 건우는 항상 새로운 시도를 하지만 대체로

흐지부지 끝났다. 의사 결정을 할 때마다 확고한 자기 생각처럼 말하지만 사실은 충동적인 욕구에 사로잡혀 있다. 건우는 자신과 현실을 심사숙고하는 힘이 약하다. 주변 환경에 쉽게 사로잡히고 커다란 영향을 받는다. 주변과 자신을 구분하는 심리적인 독립이 이루어지지 않았기 때문이다.

식사 메뉴를 고를 때 "어떤 걸 좋아하나요?"라는 질문에 "아무거나 다 좋아요"라고 말하는 사람들이 있다. 자신의 체질, 현재 상태, 환경 등에 따라 분명 자신이 선호하는 것이 있는데, 이를 고려하지 않고 음식의 종류도 가리지 않는다. 친구를 사귈 때도 "어떤 친구를 사귀고 싶은가요?"라는 물음에 "두루두루 다 좋아요" 또는 "날 좋아하는 사람이라면 다 좋아요"라고 대답한다면 이 또한 어떤 친구가 좋은지, 어떤 친구가 자신의 코드에 잘 맞는지 모르는 것이다. 자신이 어떤 사람인지 알지 못하거나, 알더라도 모호하고 불명확하게 안다면 뚜렷한 자기 입장을 갖기 어렵다. 바깥을 보는 눈은 있지만 안을 보는 눈은 없다. 그러니 이것과 저것의 경계가 모호하고, 무엇을 선택해야 할지 호불호가 선명하지 않다.

타인의 욕구와 동일시되면 그것은 '나'가 아니다. 남과 구분될 때 비로소 '나'일 수 있다. 나의 관점이 성숙해지지 않으면 선택이 필요한 상황에서 "아무거나" 또는 "다수결에 따를게요",

"저는 다 괜찮아요" 등 남들의 의견에 묻어가기 쉽다. 음식도 먹어봐야 자신이 좋아하는 맛인지 싫어하는 맛인지 알 수 있다. 직접 먹어보지 않더라도 자신이 먹고 싶은지 생각하고 고민해 봐야 자신의 입장을 표명할 수 있다. 마음도 마찬가지다. 모호하고 불명확하지만 그 속에서 작은 선택들을 통해 경험해 봐야 모호함이 선명해진다. 선명함을 획득해 가는 과정에서 타인과 구분되는 자신의 입장과 태도를 가지게 된다.

아이들은 "아무거나 주세요"라고 말하지 않는다. 외부 세계가 위험해서 조심해야 한다는 생각이 들 때나 그렇게 행동한다. 예를 들어, 부모님이 실컷 싸워서 냉전 중인데 "뭐 먹을까?" 물어보면 아이들은 선뜻 먹고 싶은 음식을 말하지 못한다. 본능적으로 위험을 감지하고 있으므로 아이들은 자신의 욕구에 충실할 수 없다.

아이를 양육하는 부모들은 "뭐 먹을래?", "어떻게 하고 싶어?", "이건 어때? 좋아?" 등 아이의 욕구에 적합한 질문을 자주 사용한다. 아이들은 "이거 먹을래", "잘래", "나갈래", "좋아", "싫어" 등 자신의 욕구를 드러낸다. 사소하고 작은 일들을 통해 거절당해도 두려워할 필요가 없음을 경험해야 주체로서 선택할 수 있는 힘을 잃지 않는다. 어른들의 "아무거나 괜찮아요"라는 말은 상대방을 배려하는 듯 보여도 그 이면에는 다른 마음이 존재한다. 어떤 이들은 자기가 식당이나 식사 메뉴를 제안했을 때 상대 방에게 맛없다는 소리를 듣고 싶지 않아서 입을 다문다. 책임지고 싶지 않기 때문이다. 사소한 부정적인 말을 듣는 것조차 마치 '나'라는 사람이 거절당한 듯 견디기 힘들어한다.

나태주 시인의 시집《꽃을 보듯 너를 본다》(지혜, 2015)에 〈풀꽃〉이라는 시가 있다.

자세히 보아야
예쁘다

오래 보아야
사랑스럽다.

너도 그렇다.

단 세 문장이지만 읽는 이의 마음에 주는 울림이 크다. 풀꽃이건 사람이건 아무렇게나 보면 안 되고 오래 들여다봐야 한다. 감정도 마찬가지다. 머물러서 봐야 어떤 감정인지 알 수 있다. 알지 못하면 모호한 감정만 보이기 때문에 자기 입장을 세우기 어렵다. 감정은 색깔과 농도, 크기를 알아야 더 선명해진다. 자아가 덜 형성된 아이들은 "엄마가 이렇게 말했어", "친구가 장난감으로 때렸어", "선생님한테 칭찬받았어"처럼 타인의 말과 행동에 대해 말한다. "내가 ○○했어"라는 자기중심 서술은 아주 가끔 등장할 뿐이다. 아직 자신의 관점이 없기 때문에 타인의 상태를 기술하기 바쁘다. 마음이 어릴수록 타인에게 상처받은 것만 보여 억울함을 호소한다. 자신의 행동은 안 보이기 때문에 자신이 어떤 태도를 취했는지 말하지 못한다. 속상하고 억울한 마음이 충분히 수용된 다음에야 자신이 어떤 행동을 했는지 보인다. 마음이 어릴 때는 교육이나 충고보다는 믿을 만한 내 편이 있다는 위로가 필요하다.

오스트리아의 정신의학자 빅터 프랭클Viktor Frankl은 자극과 반응 사이에 공간이 있다고 했다. 이 공간은 자극에 어떻게 반응할지 여유를 가지고 사고할 수 있는 완충 지대 역할을 한다. 외부의 자극은 통제할 수 없다. 그것에 반응하는 것은 '나'의 몫이다. 그 공간을 어떻게 가꾸며 살아가는지에 따라 삶의 모습과 결과는 크게 달라진다. 이 공간의 거리가 생기려면 내면으로 시선을 돌려서 자신의 생각과 감정을 돌봐야 한다. 공간의 힘이 약하면 다음과 같은 고민들을 하게 된다.

첫 번째, 지금 상황에서 어떻게 느끼는 게 맞는가.

두 번째, 내가 느끼는 감정이 적절한가(를 생각하다가 말할 시기를 놓친다).

세 번째, 남들은 어떻게 하는가(눈치를 보고 따라 한다).

자극과 반응 사이에 공간이 없으면 저도 모르게 자극에 동일시되어 반응할 것도 없이 끌려다니게 된다. 초인종을 누르면 즉시 소리가 나듯이 무의식적으로 빠르게 행동한다. 자극과 반응 사이의 공간이 넓을수록 우리는 선택에서 자유로워진다. 자극을 받더라도 입장과 태도를 검토하고 반응할 수 있는 완충 지대가 존재한다. 그래서 외부 환경에 휩쓸리지 않고 적절한 거리 두기가 가능하다. 이는 잠시 멈출 수 있는 마음의 공간으로, 타인과 관계를 유지하면서 나를 지켜내는 공간이다. 이 공간에서는 주체의 입장과 생각이 나올 수 있어서 자기 통제감을 가질 수 있다.

인간관계 속 적절한 거리 유지가 힘든 이유

소민은 자신이 유일하게 통제할 수 있는 항목이 다이어트라고 생각했다. 그런데 다이어트도 마음대로 되지 않자 고민이 커졌다. 지금은 그 누구와도 연락하지 않지만, 10년 전만 해도 좋은 사람이 생기면 몹시 친밀한 사이라고 생각해서 마음속 깊은 이야기까지 전부 했다. 그러다가 집에 오면 자신의 행동이 지나치진 않았는지 고민하고 상대방의 태도에 일희일비하며 에너지를 쏟았다. 그러다 보면 두 번째 만남에서 '저번에 만났던 그 사람이 맞나' 싶을 정도로 상대가 낯설게 느껴졌다. 그래서 이전처럼 친밀하게 대하지 못하고 대충 인사만 하고 지나쳐 버린 뒤 다시 마음이 복잡해졌다. '날 이상한 사람으로 보면 어떡하지?', '사람을 가깝게 대하는 건 어떻게 하는 거지?', '다시 보면 인사를 해볼까?' 등 갖은 생각이 떠오르며 또 힘들어졌다. 인간관계를 어떻게 끌어나가야 할지 몰라 아예 회피했다. 관계를 맺었다가 손절하고, 또다시 연락하는 패턴이 반복되었다. 좋으면 너무 가까이 가서 타버릴 것 같아 불안해 돌아섰고, 뒤돌아서면 너무 멀어질 것 같아 불안해서 가까이 다가섰다. 적절한 심리적 거리 조절이 안 되니 혼란스러울 수밖에 없었다. 지금은 누구도 가까이하는 사람이 없어 에너지를 쓰지 않아 오히려 편안하게 느껴질 정도였다.

살아간다는 것은 외부의 대상과 적절한 경계를 만들고 심리적으로 독립하는 것이다. 경계란 내가 있는 이곳과 타인이 있는 그곳 사이다. 심리적으로 독립된 내가 없으면 경계를 만들 주체가 없으니 당연히 타인과의 적절한 거리 조절이 안 된다. 자아의 크기에 따라 적절한 경계선은 달라진다.

소민은 낯선 곳에 가면 온 신경이 외부에 쏠려 정신이 아득해졌다. 지금도 어느 곳에 가든 의지할 대상이 없으면 불안에 빠졌다. 중학생 때는 같이 다니던 친구가 한 달간 가족 여행을 가자 소민 역시 학교에 가지 않았던 적이 있다. 친구와의 경계가 만들어지지 않아 벌어진 일이었다.

심리적 거리의 부재는 외부와 내부를 구분하는 내 안의 중심이 없다는 의미다. '나'와 '너'가 적절한 거리를 유지하고 있는지 확실하게 느껴지지 않는 까닭은 내가 어디에 서 있는지 '나'의 위치를 제대로 인식하지 못하기 때문이다. 그러다 보면 타인과의 관계에 대한 고민이 깊어지며 마음대로 통제할 수 있는 자신의 몸에 편안함을 느끼게 된다. 하지만 사실 내 몸조차 내가 완전히 통제하기는 힘들다. 따라서 자기 한계를 인식하고 나아가 타인과의 관계에서 발생하는 한계도 받아들여야 한다.

사람은 사람과의 관계를 통해 성장하지만 타인에게 지나치게 기울어지면 타인을 따라 가는 우유부단한 선택을 하게 된다. 그렇다고 사람과 사람 사이의 관계를 끊어내면 성장하기 힘들어진다. 다른 사람과 같은 선택을 하더라도 그 속에 자신의 고민과 선택이 들어가야 하고, 타인의 조언이나 충고를 듣더라도 '나'의 기준이 있어야 한다. 주체적인 선택 경험이 늘어날수록 자신이 어디에 서 있는지 정확하게 알게 되고 타인과의 적당한 거리를 찾게 된다.

(*HOW TO*) ── 다음에 해당하는 이들을 위한 실천 방안

- 의존 대상이 없으면 불안한 사람
- 상대가 강하면 자기 입장이 사라지는 사람
- 사람이 많은 곳에 가면 에너지를 많이 빼앗기는 사람

(*STEP*) 1. 무난한 사람으로 살지 않는다.

모나지 않고 둥근 성격이 좋다고들 말한다. 서글서글한 성격
은 분명 장점이 될 수 있다. 그러나 갈등을 피하고자 의견 내
세우기를 거부하고 외부를 수용하기 바쁘다면 모나지 않은
것이 아니라 잔뜩 움츠리고 있는 것이다.

2. 호불호를 명확히 판단한다.

내가 무엇을 좋아하고 무엇을 싫어하는지 알아야 무엇을 주
장할지 결정할 수 있다.

3. 내 입장을 선택하고 표현한다.

자신의 입장을 드러내는 것을 껄끄러워하는 이들이 적지 않
다. 그러나 적절한 피드백이 오간다면 선택과 결정에 도움을
받을 수 있다.

240

네 번째 마음 상담소

당신만을 위한 마음 상담소가 열렸습니다. 다음의 질문지를 읽고 자유롭게 답변해 보세요. 대답을 원하지 않는 질문이 있다면 대답하지 않아도 좋습니다. 글이 어렵다면 그림이나 말로 표현해도 괜찮습니다.

1. 인간관계에 과도하게 몰입한 나머지 선을 넘은 적 있다면, 그 경험을 말해주세요.

....

....

....

2. 성장 과정에서 부모님의 관심과 방목의 수치를 백분율(%)로 표현하고 관련 예시를 들어보세요. (ex. 관심: 80%, 성인이 되고도 통금시간이 있었다.)

....

....

....

3. 당신은 어떤 콤플렉스를 가지고 있나요?

....

....

....

....

4. 트라우마가 자극되는 트리거를 경험한 적 있나요? 있다면 그 기억을 서술해 주세요.

....

....

....

....

5. 집 안에서의 태도와 밖에서의 태도 중 다른 점이 있는지 찾아보세요.

....

....

....

....

6. 자신의 외부 안테나와 내부 안테나를 표현해 보세요. (ex. 외부 안
   테나: 토익 점수 올리기 / 내부 안테나: 한 달간 해외에서 살기)

   * 외부 안테나(해야 하는 것)
   ....

   ....

   * 내부 안테나(하고 싶은 것)
   ....

   ....

7. ⑥에서 정리한 항목을 중요도에 따라 나열해 보세요.

   ....

   ....

   ....

   ....

좌절감은 겪을 때마다 아픕니다.
과도한 좌절감은 마음을 무너뜨리고
삶의 축을 잃게 만들기도 해요.
그렇다고 모든 것에서 멀찍이 떨어져
홀로 고립되지 않기를 바랍니다.
적절한 좌절감과 적절한 성취감을 통해
당신의 삶에 균형이 생길 테니까요.

5장

어른들은
자란다

모호하고 불확실한
감정을 겪어야 성장한다

밤 11시경 버스에서 내려 혼자 집으로 가고 있다. 아파트 단지 옆을 지난 뒤에는 가로등이 거의 없는 어두운 골목길을 100미터 정도 걸어가야 한다. 귀에 이어폰을 꽂고 음악을 들으며 걷고 있는데, 어느 순간부터 내 발소리 외에 다른 소리가 들린다. 분명 아무도 없다고 생각하며 걷고 있었으므로 갑작스러운 낯선 이의 등장이 두렵고 무서워 돌아볼 수 없다. 어떤 사람일까? 여자일까, 남자일까? 덩치가 클까, 작을까? 머릿속은 점차 복잡해지고 몸이 잔뜩 긴장한 채 빠른 걸음으로 걷기 시작한다. 정신없이 걷는데 아까 버스에서 같이 내렸던 사람이 앞서 편의점으로 들어가는 것을 본 기억이 난다. 겁이 나지만 혹시 그 사람이 아닐까 하는 생각에 뒤를 돌아본다. 휴, 안심이다. 그 사람이 나와 비슷하게 빠른 걸음으로 걸어오는 걸 보니 그제야 이어폰의 음악이 들리기 시작한다.

한 번쯤 이렇게 괜히 놀랐던 경험이 있을 것이다. 상대방의 정체를 제대로 알지 못하는 불확실성은 불안을 야기한다. 그러나 여러 가지 가능성을 예측한 뒤 이를 확인하고 나면 두려워할 필요가 없음을 깨닫게 된다. 실체를 알 수 없는 발소리가 들리면 불안에 휩싸인다. 상황을 확인할 수 없으면 겁을 잔뜩 먹고 허겁지겁 도망치다가 다칠 수도 있다. 불안한 상황 자체를 회피하는 데 온 힘을 쏟는다면 불안의 실체를 영영 모르게 된다. 불안의 실체를 알지 못하는 상태에서는 집으로 가는 골목길이 무서운 길로 각인된다. 그다음 날 집에 올 때는 멀더라도 다른 길로 돌아가려고 할 것이다. 그리고 그와 비슷한 상황이 또다시 발생하면 불안했던 기억이 재차 소환된다. 불안의 노예가 되는 것이다.

마음이 성장하는 과정도 비슷하다. 우리 몸이 태어날 때부터 성인의 신체가 아닌 것처럼 처음부터 마음이 존재하지는 않는다. 어떤 사람들은 "저는 소극적인 사람이에요. 아마 그렇게 태어난 것 같아요"라고 말하는데 절대 그렇지 않다. 태어날 때부터 수동적인 사람은 없다. 태어날 때부터 적극적인 사람도 없다. 성격은 자라면서 형성된다. 태어날 때 인간에게는 '나의 마음'이라고 할 만한 것이 없다. 칼 융은 아주 오래전부터 내려온 유전 기억 같은 집단적 무의식을 제외한 대부분은 후천적으로 만들어진다고 말했다. 집단적 무의식의 예로, 두려움에 대한 외상 경험이 없는 어린이에게도 뱀에 대한 공포증이 나타나는 경우를 들 수 있다. 이는 유전적으로 각인된 공포다. 그 외에 사람들이 겪는 갈등은 모두 개인적 경험에 의해 만들어진 개인적 무의식의 결과물이다. 인간으로서 겪는 심리적 갈등은 개인적 경험에 따라 후천적으로 형성되었기에 내면을 변화시킬 수 있다.

신체는 음식물을 섭취하면서 자라지만 유전적인 영향을 적지 않게 받는다. 키가 작은 유전자를 물려받았다면 아무리 영양 섭취를 잘해도 성장에 한계가 있다. 피부도 그렇고, 체질도 유전의 범위에 속해 있다. 반면, 마음의 성장은 기질적인 요인이 작용하지만 환경의 영향을 많이 받는다. 어렸을 때는 양육자와 자라는 환경에 절대적인 영향을 받고, 관계가 확장되면서 또래들의 영향을 받는다. 똑같은 사건을 경험하더라도 자신의 입장에서 어떻게 해석하느냐에 따라 받아들이는 형태와 의미가 달라진다. 이처럼 주체의 입장이 점점 중요해진다. 그래서 변화의 가능성이 열려 있는 것이다.

많은 사람이 자기 계발서를 읽거나 명상이나 기도 등을 통해 자기 성찰을 하면서 심리적인 어려움에서 벗어나고자 노력한다.

그러나 막상 책에서 읽은 대로 실천해도 일시적일 뿐, 금방 한계에 맞닥뜨린다. 이론과 현실의 간극이 크기 때문이다. 마음은 어떻게 성장시켜야 할지 도무지 알 수 없는 주제다. 심리적으로 분석해서 해결 방법을 알아내도 자신의 아픔을 기준으로 정립하지 않으면 변화는 일시적이다. 마음의 성장은 자신의 아픔이 머무는 곳에서부터 시작해야 한다.

마음이 탄탄하면 불안에 끌려가지 않는다. 외부의 실체가 모호하고 불확실하면 불안감이 커져 자신을 통제하기 어렵다. 그러나 외부의 실체가 선명해지면 불안이 가라앉아 현재를 잘 살아갈 수 있다. 불확실한 외부의 실체라고 해도 자신이 경험할 수 있는 호기심과 용기가 있다면 모호함을 견딜 수 있다.

한 내담자는 전교 1~2등의 성적을 유지하는 학생이었는데, 고등학교 3학년 여름방학이 되면서 하루 15시간 이상 잠만 잤다. 입시를 준비하는 고3 학생들은 수능을 서너 달 앞둔 여름방학에 가장 불안해진다. 성적이 낮으면 수능 시험을 못 볼까 봐 불안하고, 성적이 잘 나오면 수능 시험 날까지 잘할 수 있을지 불안해진다. 이 경우, 여름방학의 불안을 견딜 힘이 없어서 본인도 모르게 잠 속으로 도망친 것이다. 성과를 내야 할 시점이 되면 폭식과 구토를 반복하거나, 힘든 일이 있을 때마다 피어싱을 해야만 버틸 수 있다고 말하는 사람, 불안할 때마다 쇼핑을 해서 집 안에 뜯지 않은 상자가 가득한 사람 모두 불안을 견디지 못하는 사람들이다.

신경증은 진정한 고통을 회피하기 때문에 생긴다. 자신에게 닥친 고통은 피할 수 없다. 운명처럼 나에게 온 고통은 겪어내야만 다음 단계를 모색할 수 있다. 이겨내지 않으면 다음 단계로 넘어갈 수 없다. 심리적 어려움을 호소하는 사례의 대부분이 과거에 겪어냈어야 할 감정을 억압하고 회피했던 게 문제의 원인이다. 상담을 받으러 와서 사람들은 "왜 이렇게 힘든지 모르겠어요", "밝고 활기차게 잘 생활했는데 갑자기 무기력하고 저절로 눈물이 흘러요. 왜 그런지 모르겠어요"라고 한다. 몸은 우울한데 자신은 그 이유를 알 수 없다. 마음이 힘들어 울면서도 정작 마음의 주체가 길을 잃고 헤매니 컴컴한 터널에 갇힌 듯 답답할 수밖에 없다. 주체에게 인식되지 않은, 확인되지 않은 마음이 존재하기 때문이다.

심리학에서 아는 마음은 의식, 모르는 마음은 무의식이라고 한다. 주체는 무의식의 영향을 크게 받는다. 몸은 느끼는데 본인이 모르면 통제할 수 없다. 이때 느껴지는 감정이 불안이다. 우울하고 눈물이 저절로 흐르는 마음은 무엇인지 알 수 없다. '우울하고 눈물이 나는' 현상은 있으나 실체를 모르니 당연히 통제 불가능하다. 고통을 견딜 내면의 힘이 중요한 이유다.

모호하고 불명확한 상태를 견디는 힘이 약하면 통제해서 예측 가능하게 만들거나 회피해 버리기 쉽다. 그러나 탄생부터 죽음까지 삶의 과정은 언제나 불확실하다. 똑같은 일상이나 환경이라도, 겪을 때마다 느껴지는 감정이 모두 다르다. 다시 불확실성을 마주하게 되더라도 이전의 불확실성을 제대로 겪어냈다면 더 잘 극복할 수 있게 된다. 그래야만 다음 단계로 넘어갈 수 있다.

감정의 분화를 통한 성장

승현은 만난 지 한 달 된 연인에게 이별 통보를 받고 완전히 무너졌다. 남들에게 말하기 창피하지만 헤어지고 혼자 있는 시간을 견딜 수 없었다. 소개로 만난 전 여자 친구는 만난 지 얼마 후부터 당황스러울 정도로 적극적이었다. 그런 상황이 좋으면서도 상대방을 전적으로 믿기 어려웠다. 평소에도 불확실한 것을 견디지 못하는 승현은 여자 친구에게 자신 안의 의심을 이야기했다. 이별 통보를 받은 뒤에도 이유를 말해달라며 여러 경로로 접촉해 매달렸다.

어린아이 같은 면이 있는 승현은 평소에도 불편한 마음이 생기면 해결될 때까지 계속 그 생각에 매몰되어 있었다. 어떻게든 묵은 감정을 해소하려고 만나는 사람마다 붙잡고 그 이야기를 했다. 아이들이 단순하고 순진한 건 당연하지만, 어른이 되어도 그런 태도를 보이는 것은 미성숙하다고 할 수밖에 없다.

연애를 시작할 때 사람들은 보통 2~3개월 정도 만나면서 관계를 이어나갈지 헤어질지 결정한다. 보통 3개월 이상 만나야 친밀감이 깊어졌다고 볼 수 있다. 사람과의 관계에서는 서로가 상대방을 경험할 시간이 필요하다. 초면에 상대방이 과도한 언어와 행동으로 적극적인 태도를 보인다면 혼란스럽더라도 이를 상대방에 대한 하나의 정보로 받아들여야 한다. 상대방에게 대놓고 "너를 믿지 못하겠고 의심스럽다"고 말해 자신의 감정만 편해지려고 하는 건 결국 불안에 끌려다닌다는 증거다. 조심스럽게 자신을 보호하고 지켜봐야 하는 이유다. 승현은 불편함을 마음속에 담아두지 못했다. 그런데 세상에는 눈앞에서 해결할 수 없는 모호한 일들이 많다. 대상을 선명하게 알기 위해 툭 터놓고 이야기하기보다는 충분히 상황을 지켜보며 불확실한 모호함을 감당해야 한다.

순진성은 흑백 논리에 근거를 둔다. 아이들은 사건이나 사물을 인식하거나, 사람을 대할 때 '좋다', '싫다' 양 극단으로 판단한다. 이런 대극적인 감정 말고도 중간 즈음에 위치하는 다양한 감정들이 있다는 사실을 모른다. 그래서 아이들은 "엄마는 내 편이야, 누나 편이야?"라고 묻는다. 자기편일 때는 상대방이 나쁜 짓을 하더라도 무조건 믿지만 남의 편이라고 생각되면 믿으면 안된다는 극단적인 편 가름을 한다.

어른이 된 뒤에도 흑백 논리로 사는 사람들이 많다. 이들은 조금만 자신의 감정에 어긋나면 좋은 사람이라고 여겼던 사람들도 한순간 나쁜 사람으로 단정 짓는다. 또한 다정하거나 친절하지 않은 태도는 무조건 나쁘다고 생각하기 때문에 불합리한 상황에서도 싫은 내색을 하지 않고, 힘겨워 견딜 수 없는 상황에서도 포기는 나쁘다고 생각해서 버틴다. 감정이 미분화된 흑백 논리에 머문 결과라고 볼 수 있다.

어른이 되었다고 항상 마음이 성숙한 건 아니다. 우리 마음은 순진하고, 교활하고, 이기적이고, 이타적이고, 지혜롭고, 어리석다. 그러나 인격 전체가 미성숙해서 감정이 덜 분화되면 이성이 아무리 발달했어도 이분법적인 판단을 하기 쉽다. 마음은 감정의 분화와 관련 있다. 처음에는 '쾌와 불쾌'로 시작된다. 쾌와 불쾌의 감정을 충분히 경험하고 나면 쾌의 감정은 '행복하다, 아름답다, 사랑스럽다' 같은 감정으로 세분화된다. 또한 불쾌의 감정은 '우울하다, 짜증 난다, 슬프다, 절망스럽다' 같은 감정으로 세분화된다. 긍정과 부정의 양극단이 아닌 다양한 감정들이 존재한다는 것을 알게 되는 것이다. 그렇게 다양한 경험을 통해 감정이 섬세하게 분화되면서 인간은 성숙해진다.

마음이 선명하지 않으면 적절하게 반응하기 어렵다. 모호한 마음들을 외면하지 않아야 그것이 무엇인지 선명해진다. 특히 자아가 발달하는 사춘기에는 모호함을 더 많이 느낀다. 자신이 느낀 감정이 명확하게 어떻다고 명명하기 어렵다. 사춘기 아이들이 감정적이고 반항적이고 방황하는 이유도 모호한 감정이 많아 잠재적 불안이 높기 때문이다.

HOW TO — 다음에 해당하는 이들을 위한 실천 방안

- 자신의 견해가 약하고 의견을 주장하지 못하는 사람
- 남들의 말에 빠르게 동조했다가 나중에 후회하는 사람
- 타인의 영향을 많이 받고 귀가 얇은 사람

STEP 1. 외부에 빠르게 반응하는 것을 멈춘다.

자신의 생각이 정리되지 않은 상태에서 외부에 맞춰 결정해 버리면 반드시 후회하게 된다.

2. 잠시 멈추고 자신의 마음을 들여다본다.

시간이 걸리더라도 내 의사 결정의 주도권은 내가 가져야 한다.

3. 내 의견이 정리되면 내부 의견과 외부 의견을 나란히 놓고 바라본다.

판단이 선다면 내부 의견이 자리 잡힌 것이다. 이때는 외부와 내부를 적절히 소통해 의견을 조율한다.

동물적 본성을
인간답게 만들어 주는
'지지배배'의 힘!

민호는 항상 친구가 그리웠다. 그는
또래 친구들에 비해 알짜배기 정보도 많이 알았고 사회생활과 관
련된 팁에도 해박했다. 마음이 따뜻하고 순수해서 그를 롤 모델
로 여기는 친구도 여럿이었다. 하지만 친구들은 도움이 필요할
때만 민호에게 연락했다. 여행을 가거나 놀러 갈 때는 민호를 찾
지 않았다. 그러다 보니 마음을 나눌 수 있는 친구가 없어서 민호
는 항상 외로웠다.

상담 중 민호는 상황 설명이나 객관적인 정보에 대해서는 유
려하게 이야기했지만, 개인적인 질문에 대해서는 "글쎄요. 그냥
그렇죠. 뭐" 또는 "그냥 그랬어요"라며 뭉뚱그리기 일쑤였다. 대

화가 뚝뚝 끊겼다. 그래서인지 민호의 말하기에는 '나'라는 주어가 거의 없었다. 객관적인 판단력이 뛰어나고 공감 능력도 좋지만 거기에 민호 자신은 없었다. 자신의 이야기를 하는 건 사실상 인간의 본능이건만 그 본능이 보이지 않았다.

인간 본성의 기초는 집단적 무의식에 있다. 집단적 무의식은 하나의 종種이 보존되기 위해 선천적으로 만들어진 양식이다. 예를 들어, 꿀벌들이 꿀을 따오는 방식이나 육각형 모양의 벌집을 짓는 생존 전략은 꿀벌이라는 종 모두에게 본능적으로 내재되어 있다. 집단 활동을 하는 벌들은 꿀을 찾아내고 그 정보를 공유하기 위해 원형 춤을 춘다. 꽃의 위치를 알리는 춤의 형태를 보고 동료 꿀벌들이 찾아온다. 꽃이 멀리 있다면 배를 빠르게 흔들며 8자로 적게 돌지만, 꽃이 가까이 있다면 배를 천천히 흔들며 8자로 많이 돈다. 또한 시계 방향으로 도는지, 반시계 방향으로 도는지에 따라 꽃의 위치를 가늠할 수 있다. 꿀벌들의 종 보존을 위한 선천적 양식인 것이다.

인간도 마찬가지다. 인간은 태어나자마자 혼자 힘으로 독립할 수 없다. 자립할 수 있을 때까지 인간은 생존을 위해 본능적인 전략에 따라 행동한다. 갓난아이는 배가 고프면 크게 울어 자신을 돌보게 만들고, 졸리거나 불편하면 칭얼거리며 몸을 버둥거리기도 한다. 자신에게 집중하는 엄마와 아빠의 돌봄으로 인간적 면모를 갖추어 나간다. 아이들의 생김새도 돌봄을 유발하는 본능적인 생존 전략의 결과물이다. 동글동글한 이목구비와 포동포동한 몸은 생존을 위한 본능적인 생김새다. 또한 아이들은 기쁨, 슬픔, 분노 등 모든 감정을 몸으로 표현한다. 좋으면 온몸으로 뛰면서 표현하고, 싫으면 얼굴을 꽉 찌푸리고 운다. 이 역시 주변 사람의 돌봄을 유발하는 본능적인 생존 전략에 따른 것이다. 본능적 욕구에 지배받는 아이들은 주변의 지지와 지원을 받으며 성장한다. 지지받는 느낌은 아이를 움직이게 하는 내면의 힘으로 작용한다. 본능을 존중받으며 내면의 힘을 갖추어야 의지적이고 능동적인 태도가 생긴다.

또한 아이들은 쉴 새 없이 떠든다. 기질과 에너지에 따라 양과 강도는 다르지만 기본적으로 아이들은 시끄럽게 자신을 표현한다. 마치 엄마 제비의 관심과 먹이를 받으려고 새끼 제비들이 지지배배거리는 것처럼 말이다. 아이들은 아직 정신이 덜 발달되었기에 "선생님이 ○○했어", "친구들이 ○○했어" 등 타인 중심으로 이야기한다. 성장하면서 타인 중심 서술은 자기중심 서술로 옮겨간다. 정신의 주체가 확립되지 않은 아이들은 자신을 중심으로 말하지 못한다. 사회적으로 훌륭하고 지식이 해박하더라도 타인을 중심으로 서술한다면 심리적으로 덜 성숙한 상태로 봐야 한다. 마음이 성숙할수록 '나'가 주어가 된 문장을 잘 사용한다.

　마음이 어릴수록 관계에서 문제가 발생하면 자신의 행동은 생각하지 못한 채 타인의 부당한 행동만 생각한다. 마음이 자라면 자신의 입장과 타인의 입장을 두루 볼 수 있게 되므로 시시비비를 가릴 수 있어 억울함을 호소하는 일이 줄어든다. 의식의 자연스러운 발달 과정이다.

　자아의 힘이 생기기 전까지 마음은 위축과 팽창을 반복한다. 자아의 힘이 강해지면 위축과 팽창을 통한 오르내림의 곡선이 완만해진다. 자아의 힘을 키우는 데는 성장 과정 속에서 양육자의 태도가 가장 중요하다. 주양육자는 아이의 과잉 팽창된 상태와 위축된 상태 모두 수용적으로 받아들여야 한다. 무조건 칭찬하라는 의미가 아니라 아이를 있는 그대로 수용하라는 것이다. 양육자의 수용적 태도는 아이가 성공과 좌절을 받아들이게 만든다. 아이에게 불안정성은 기본 태도다. 몸과 말, 감정이 한 곳에 머무르지 못하니 몸은 여기저기 부딪히고, 이야기를 하다가도 금세 주제가 바뀐다. 충동적이고 불안정한 아이의 마음이 잘 표현되도록 도와야 하는 이유다.

　수다스러운 부모가 아이를 잘 키운다는 말이 있다. 부모는 아이의 본능적 표현에 "그랬어?", "싫어, 좋아?", "어때?" 등 반응을 하면서 아이들의 자기표현을 부추긴다. 부모의 지지 아래 아이는 자신이 느끼고 생각한 바를 자유롭게 표현하면서 마음을 선명하게 만든다. 자신의 생각이나 감정을 언어로 발화하면서 스스로를 인식하고 경험한다. 이는 어른이 된 후에도 마찬가지다.

주변의 평가에 제한받지 않고 지지배배 자기 이야기를 하는 것은 주관적 관점을 만들기 위해 꼭 필요한 과정이다. 지지적인 환경에서 팽창·위축된 '나'를 드러내고 표현하면서 자신을 경험하고 받아들여야 한다. 작고 사소한 말하기 경험에서 자아가 자란다. 그렇게 충동성과 흥분성을 조절할 수 있게 된다.

내면의 힘이 약할수록 빈번해지는 충동성

소은은 대인 관계를 원만하게 이끌어 나가고 싶었다. 그러나 어느 자리에든 소은이 끼어들면 분위기가 싸해지고 사람들이 흩어졌다. 소은이 친해지고 싶은 조용한 성격의 직장 동기가 있었다. 점심을 먹고 다 같이 커피를 마시던 중, 다른 직원이 말을 시키자 동기가 갑자기 딸꾹질을 했다. 그 모습을 보고 별생각 없이 "관심 받는 게 부담스러워서 딸꾹질하는 건가요?"라고 물었다. 갑자기 좋았던 분위기가 싸해지더니 동기뿐만 아니라 다른 사람들도 당황스러워했다. 그 후로 동기는 소은을 멀리했다. 친해지고 싶어서 한 말이고, 악의 없이 튀어나온 말인데 사람들의 반응을 보고서야 상황에 맞지 않는 말을 했다는 사실을 소은은 깨달았다.

내면의 힘이 약하면 충동적이고 즉각적으로 행동하게 된다. 떠오른 생각을 거침없이 내뱉는다. 관계의 욕구가 큰 소은은 사람들에게 관심이 많지만 지지배배하면서 자신을 표현해 본 경험이 매우 적었다. 상담을 하면서 소은과 다양한 대화를 주고받고 깊이 있게 파고들기도 하면서 커뮤니케이션을 통한 이해를 시도했다. 그 과정에서 소은은 점차 자신의 감정을 잘 표현하게 되었다. '말'의 힘은 생각보다 강하다.

마음의 영역은 단순하지 않다. 할 말 다 하고 살았다는 이들도 상담을 받다 보면 자신에게 서운한 마음, 억눌린 감정이 많아 놀란다. '글 속에도 글이 있고 말 속에도 말이 있다'는 속담이 있다. 말에 담겨 있는 의미는 사람마다 다르다. 심리적인 어려움이 큰 사람일수록 자신의 이야기를 들어줄 사람이 없었기에 자기 욕구나 기대를 말로 충분히 표현해 본 경험이 적다. 아이, 어른 할 것 없이 자라기 위해서는 비난이나 거부당할 염려 없이 이야기를 할 대상이 필요하고, 심리적으로 의존할 누군가가 필요하다. 생산적이고 긍정적인 이야기만 쓸모 있는 게 아니다. 작고 별것 아니지만 개인적인 소소한 이야기를 통해 자기 마음을 알아가기 시작한다.

마음은 양파처럼 한 겹 한 겹 싸여 있어서 내부 안테나를 작동시켜 들여다보지 않으면 제대로 파악하기 어렵다. 표면적인 마음 아래 다른 마음이 존재할 수 있다. 성장은 하나의 사건, 하나의 사람에 대해 다층적이고 복잡하고 양가적인 마음이 있음을 받아들이는 과정이다. 누구에게나 긍정적 마음 옆에 드러내고 싶지 않은 부정적인 마음이 있다. 대범한 마음 옆에 무섭고 불안하고 조심스러운 마음이 있고, 정의로운 마음 옆에 치사한 마음이 있다.

믿을 만한 대상에게 자신의 이야기를 하자. 그 대상은 부모님이어도 좋고 친구나 연인, 남편, 아내도 좋다. 시시껄렁한 소소한 이야기여도 좋고, 묵직한 걱정거리여도 좋다. 내 입으로 말하고 내 귀로 들으면서 나의 이야기를 하며 나의 마음을 알아가야 한다. 그렇게 지지배배 이야기하며 내면의 힘을 기를 수 있다.

(*HOW TO*) — 다음에 해당하는 이들을 위한 실천 방안
  • 사람들 사이에 있어도 외로운 사람
  • 무리에 제대로 섞이지 못하는 사람

- 친밀한 관계를 형성하는 데 어려움을 겪는 사람

STEP 1. 안전한 대상을 찾는다.

믿을 만한 대상에 대한 기준을 점검한다.

2. 작고 사소한 개인적인 이야기를 한다.

긍정적이든 부정적이든 상관없다. 무엇을 느꼈는지 말해 본다.

3. 사소하게 여겼던 마음속 불편함을 이야기한다.

낮은 단계에서 높은 단계로 단계별로 점검한다. 단계별로 점검하다 보면 어느 정도 불편함의 정도가 정리된다.

수다를 떨 안전한
대상이 필요한 이유

지민의 첫 기억은 세 살 때로 거슬러 올라간다. 화장실에 들어간 엄마가 오랫동안 나오지 않자 지민은 엄마가 벽을 뚫고 집을 나간 것만 같아 공포심을 느꼈다. 지민은 엄마가 자신을 두고 사라질 듯한 공포심이 들 때마다 상상 속 인물에게 위로를 받았다. 소설가를 꿈꾸며 상상 속 인물의 적극적인 지지에 기대어 힘든 일이 있어도 포기하지 않고 열심히 살았다. 그토록 바랐던 전업 작가가 되면서 드디어 글쓰기에 전념할 수 있게 되었다. 이제 쓰기만 하면 되는데 책상 앞에 앉은 지 한 달이 다 지나도록 한 줄도 쓰지 못했다. 앞으로도 글을 제대로 못 쓸 것만 같다는 불안이 극심했다. 오랜 시간 꿈 속에서도 열망했던 작가의 멋진 모습을 현실에서 마주하게 되었지만, 상상했던 것처럼 행복하지 않았다. 새로운 세계에 대한 불안감만 커지고 있었다. 의지할 대상 없이 불안할 때면 상상 속으로 회피했던 어린 시절처럼 다시 도망치고 싶을 뿐이었다.

지민에게 엄마는 믿을 만한 대상이 아니었다. 오히려 언제든 자신을 버리고 떠날 존재로 여겨 불신했다. 의존할 만한 대상의 품 안에서 안전함을 경험해야 불안이 달래지는데 지민은 안전한 의존 경험이 드물었다. 인간의 정신은 사실 불안에 기반을 둔다. 엄마 배 속이라는 안전한 환경에 있던 태아는 어느 날 갑자기 아무것도 자신을 감싸주지 않는 세상에 던져진다. 소, 돼지, 말 같은 동물들은 태어나자마자 걸어서 젖을 찾아가지만, 인간은 타인의 보호가 절대적으로 필요한 상태로 태어나 오랜 양육 기간을 거쳐야 한다. 신체뿐만 아니라 심리적으로도 마찬가지다.

미국의 정신분석학자 르네 스피츠René Spitz는 제2차 세계 대전 당시 고아가 된 아이들을 관찰 및 연구했다. 그 결과 생후 몇 개월간 모성 결핍을 겪은 아기에게 치명적인 특성이 있다는 사실을 밝혀냈다. 충분한 음식과 청결한 양육 환경이 제공되는 보육원이라 할지라도 어머니의 보살핌을 받지 못한 아기들에게서는 독특한 증상이 나타났다. 생후 2개월부터 체중이 줄고 제대로 잠들지 못하고, 3개월부터는 무표정하고 무기력해지다가 먹을 것을 주어도 잘 먹지 않았다. 6개월 이상 정서적 교류가 지속되지 않으면 운동 및 정신적, 신체적 발달이 지체되었으며 사망률도 높아졌다. 91명의 고아 중 생후 첫 해 16명이, 이듬해 7명이 사망했다. 신체적 돌봄 외에 심리적 안전감을 제공받지 못한 것이 생존의 위협으로 이어진 것이다.

욕구에 충실해야 하는 아이들이 자기 욕구를 억압하게 되는 경우도 있다. 조금만 울어도 주양육자가 무섭게 화를 내거나, 아이의 눈에 부모가 너무 불쌍해 보이거나, 매일 부모님이 싸우는 등의 문제 상황에 자주 노출되면 외부를 불안하다고 인식하게 된다. '지금은 위험하니 가만히 있어야 해'라며 무의식적으로 자신을 억누르는 방식으로 변한다. 자신의 욕구가 존중되지 않는 불안한 환경에서 아이는 본능적 특성인 흥분성과 충동성이 억제된다. 심리적 성장에도 제약이 생긴다.

어른들도 외부 환경이 억압적이고 불안정하면 자신의 욕구를 억누른다. 일례로 휴가를 사용하는 게 자유롭지 않은 회사에서는 노동자의 당연한 권리인 휴가를 사용할 때 눈치를 보게 된다. 타인에게 신경을 집중하다 보면 자신에게 집중할 수 없다. 외부와 소통이 차단되면 표현되지 못한 생각이 가득 차 혼자만의 세상을 만들어 그 속에서만 살게 된다. 그 결과, 대인 관계에서

엉뚱한 말을 하거나 상대방의 의도를 잘 파악하지 못하는 오류가
생기기도 한다.

우리에게는 힘든 시간을 함께할 누군가가 필요하다

누구나 좌절했을 때 바보처럼 행동한 흑역사가 있을 것이다.
이를 그런대로 받아들여야 다음 단계를 밟아 나갈 수 있다. 소화
되지 않은 부정적인 감정을 내면에 쌓아두면 하루하루가 더 힘겨
워진다. 나를 긍정해 줄 믿을 만한 대상이 꼭 필요한 이유다. 인
간의 마음은 언제나 양가적이고 복합적이며 아주 많은 층위로 이
루어져 있다. 자아 발달을 위해서는 확실하지 않은 복잡한 마음
들을 터놓고 나눌 수 있는 대상이 있어야 한다. 어렸을 때는 나의
입장과 태도를 부모님과의 관계 속에서 확인하고, 사춘기 때는
나의 입장과 태도를 또래 친구들 속에서 확인한다. 불확실함이
지배하는 사회에서 또래들과의 연대를 통해 실존 경험을 하는 것
이다. 믿을 만한 안전한 대상이 있으면 불확실성으로 가득한 세
상이 덜 두려워진다.
　그렇다. 우리에게는 힘든 시간을 함께해 줄 누군가가 필요하
다. 힘든 상황을 견디지 못하고 외면하거나 회피하면 문제가 더

꼬이거나 불안감이 커진다. 주변의 믿을 만한 사람에게 자신의 감정을 털어놓고 이해받으면 불안 때문에 잘못된 판단을 해서 상황을 더 복잡하게 만들 확률이 현저히 낮아진다.

표현하지 못하면 내부에서 생각이 많아진다. 누군가에게 속내를 드러내고 의지하는 대신, 가상의 세계와 상상 속 인물을 만들어 내듯이 말이다. 누군가에게 한마디만 하면 편해질 일도 말하지 못하고 속으로 삭이면 머릿속에서 백 마디, 천 마디로 불어나 떠돌아다닌다. 그런 상태에서는 적절한 선택이나 행동을 할 수 없다. 그냥 멈춘 채 갇혀 있는 답답한 상태가 된다.

대화를 나누는 과정에서는 그럴듯하게 팽창된 모습도 수용되고 찌그러진 자신도 수용된다. 이런 이유로 상담자는 내담자가 마음속 가득 엉켜 있는 마음들을 입 밖으로 꺼낼 수 있게 돕는 안전한 공간이 되는 것을 목표로 한다.

HOW TO — 다음에 해당하는 이들을 위한 실천 방안

- 과거에 오랫동안 사로잡혀 있는 사람
- 자신의 마음을 털어놓을 대상이 없는 사람
- 속내를 이야기하는 데 어려움을 겪는 사람

1. 나를 평가하지 않을 대상을 찾는다.

내가 누구와 함께일 때 가장 편안하고 안전하다고 느끼는지 아는 것은 매우 중요하다. 나를 함부로 평가하지 않는 대상을 통해 우리는 진실되게 행동할 수 있다.

2. 속으로 생각만 했던 것을 말로 표현한다.

이전에는 표현하지 않았던 감정을 밖으로 표현하는 경험은 자기표현력을 길러준다.

3. 현재에 집중한다.

현재에 제대로 집중할 수 있어야 과거에 머무르지 않는다. 또한 이는 미래로 나아갈 원동력이 된다.

불편한 감정이
있는 곳에서
마음의 근육이 자란다

자려고 누웠거나 샤워하던 도중 갑자기 머릿속에 떠오르는 장면이 있는가? 지현은 가끔씩 창피했던 기억이 어제 일처럼 선명하게 떠오른다. 초등학교 때 전교 회장 선거 날이었다. 전교생 앞에서 연설을 잘하고 싶어서 열심히 준비했는데, 막상 단상에 오르니 머릿속이 하얘지고 입이 떨어지지 않았다. 더듬더듬 간신히 연설을 마치고 단상에서 내려온 뒤 너무 창피해서 쥐구멍에라도 숨고 싶었다. 당연히 선거 결과는 참패였다. 친구들이 위로해 주려고 다가왔지만 아무렇지 않은 척 재빨리 집으로 돌아왔다. 다음 날 아침에 학교를 가야 하는데 일어날 수 없었다. 너무 부끄러워 아무도 보고 싶지 않아 결국 아프다는 핑계를 대고 결석했다. 시간이 많이 흐른 지금까지도 그때의 일이 선명했다. 그리고 여전히 지현은 작은 실수에도 수치심을 느끼며 잔뜩 움츠러들었다.

지현에게는 아직도 어린 시절 경험한 창피하고 초라했던 감정이 그림자로 남아 있다. 자신의 멋진 모습은 자랑하고 싶고 부족한 모습은 아무에게도 들키고 싶지 않아한다. 긍정적인 감정은 대개 심리적인 문제를 일으키지 않는다. 인정하기 싫은 부정적인 감정들이 그림자가 되어 문제를 일으킨다. 이를테면 수치심, 죄책감, 열등감, 분노 같은 감정들이다. 사람들은 이런 감정들을 인정하기 싫고 쳐다보기 무서워서 회피하고 억압해 무의식에 묻어둔다. 내 것이 아니라고 생각하고 외면한다. 그런데 감정이 외면한다고 사라질까? 정말 내 것이 아니게 될까? 그렇지 않다.

하루 중 빛이 가장 강한 정오에는 그림자도 그만큼 짙고 선명하다. 세상 만물에는 음과 양, 대극對極(서로 마주하는 극)이 존재하듯 마음도 그렇다. 인간의 성장에도 빛과 그림자가 함께한다. 사회성 좋고 친절한 사람으로 보이려면 피곤해도 내색하지 않고 상대방이 마음에 들지 않더라도 참아야 한다. 상대방에게 잘 보이고 싶으면 지쳐서 혼자 있고 싶은 마음이나 답답하고 짜증 나는 감정을 참아야 한다. 밝은 모습을 보이려고 할수록 어둠은 더 짙어진다. 아무리 싫더라도 그림자는 항상 내 곁에 존재한다. 그림자를 없애려고 하기보다는 인정해야 하는 이유다.

고생 끝에 자기 사업을 일구는 데 성공한 정훈도 지현과 비슷한 심리적 문제를 겪고 있었다. 정훈은 서른 살 무렵 좋은 사람을 만나 결혼해 아이들과 함께 잘 살고 있었다. 그는 가정적으로나 사업적으로나 나름대로 성공을 거머쥐었다고 자부했다. 하지만 여기까지 오는 길이 순탄하지만은 않았다. 친구들이 모두 대학생이 되었을 때 가정 형편 때문에 대학 진학을 포기하고 취업한 정훈은 대학생이 된 친구들과 만나 재미있게 놀면서도 자신이 한없이 초라하고 비참하게 느껴졌다. 좋아했던 친구들인데 점점 열등감이 커지니 만나는 게 부담스러워 피하게 되었고, 서서히 친구들과 멀어졌다. 하지만 그것도 이미 오래된 기억이었다. 그런데도 정훈은 여전히 '대학'이라는 단어 앞에서 움츠러들었다. 대학이라는 단어만 들려도 긴장해서 대화에 집중하기 어려웠다. 마음속에 여전히 대학 진학을 포기해야만 했던 초라한 스무 살의 정훈이 남아있는 것이다. 이처럼 상처가 자극되는 환경에서 무의식적으로 나타나는 초라한 감정이 바로 '콤플렉스'다.

콤플렉스는 자신의 삶에서 숨기고 싶고 인정하고 싶지 않은 마음들이 강하게 모여 만들어진다. 콤플렉스를 극복하기 위해서는 그림자에 뭉쳐 있던 에너지를 풀어주어야 한다. 여러 차례 되풀이해서 이야기했듯, 믿을 수 있는 대상과 경험을 공유하거나 부정하고 싶은 과거의 모습을 인정함으로써 심리적 압박에서 자유로워질 수 있다.

여전히 과거에서 벗어나지 못한 당신

혜진은 초등학교 6학년 때 왕따를 당한 뒤부터 사람들에게 부정적 감정을 드러내면 공격받을 것이라는 공포감을 갖게 되었다. 처음엔 잘해주던 사람들도 나중엔 자신을 함부로 대하는 경험을 여러 차례 하면서 혜진은 사람을 믿을 수 없게 되었다. 그러다 보니 남들의 이야기를 듣는 건 익숙했지만 자신의 이야기를 하는 건 익숙하지 않아졌다. 누군가가 만나자고 하면 별로 만나고 싶지 않아도 반사적으로 약속을 잡았다. 일종의 방어 기제였다. 그렇게 만나고 오면 어딘가 불편한데 무엇이 불편한지 알 수 없었다. 사람들과 함께일 때 느끼는 이물감의 정확한 이름을 알 수 없어서 그저 웃음으로 지나칠 뿐이었다.

현재 혜진에게는 연인이 있다. 그는 혜진에게 이전 여자 친구들에 대해 자주 이야기하는데, 그저 그 사람 특성이려니 생각했다. 그러다 남자 친구가 결정적인 실수를 했고, 안 되겠다 싶었던 혜진은 그동안 묻어두었던 섭섭함을 이야기하기로 결심했다. 그러자 머릿속에서 그가 이전 여자 친구에 대해 했던 이야기들이 계속 떠올랐다. 분명 당시에는 아무렇지 않았던 것 같은데, 사실은 기분이 좋지 않았던 것이다. 자신에게 이렇게나 많은 감정이 쌓여 있는지 몰랐던 혜진은 내심 깜짝 놀랐다.

불쾌한 감정이 응어리져 남아 있는 곳이 그림자가 묶여 있는 장소다. 습관적으로 감정을 억압하면 당연히 불편함을 표시해야 할 상황에서도 그냥 지나쳐 버리게 된다. 그 결과, 시간이 흐른 뒤에야 불쾌한 감정이 떠올라 그 감정에서 벗어나지 못하고 휘둘리는 경우가 많다. 불편한 감정을 억압하고 외면하는 심리적 패턴이 습관화된 것이다. 간혹 알아차리더라도 불편함의 내용과 강도 등을 정확하게 알지 못하기 때문에 자기감정에 자신이 없을 수밖에 없고, 자신을 믿지 못하니 자기 검열도 심해진다. 자신의 감정을 믿을 수 없으니 남들이 어떻게 하는지 계속 살피게 된다. 심지어 남들에게 선택권을 넘기거나 남들의 선택을 따라 하게 된다. 때로는 중요한 선택, 이를 테면 진로조차도 남들이 좋다고 말하는 것을 따라 하는 모습을 볼 수 있다.

심리 상담을 할 때 가장 처음 하는 질문은 '지금 이 시점'에 상담을 받아야겠다고 생각하게 된 계기다. 내담자가 현재 느끼는 생생한 불편함을 알아보려는 의도가 있다. 마음이 불편한 곳은 에너지가 묶여 있는 곳이고, 욕구의 좌절이 있는 곳이고, 자아의 성장이 멈춘 곳이다. 결핍된 에너지를 채우고 싶다면 자신 없고 초라했던 그 시절의 감정을 먼저 보살펴야 한다.

3 크기의 좌절은 3 크기만큼 겪어야 한다. 3 크기인데 10 크기만큼 힘들어한다면 현실을 왜곡하는 것이다. 3은 3만큼 좌절하고, 10은 10만큼 좌절하며 살아야 한다. 마음이 편안해지려면 자신을 힘들게 만든 부정적 감정에서부터 시작해야 한다. 그것이 심리 상담을 시작하면서 지금 이 시점에 왜 그렇게 힘든지 묻는 이유다.

그렇다고 누군가를 감정 쓰레기통으로 써서는 안 된다. 내면의 그림자를 견딜 수 없어서 누군가에게 다 쏟아내는 행위는 좌절을 겪어내는 게 아니라 길거리에 침을 뱉듯 밖으로 뱉는 것과 다르지 않다. 스트레스를 받으면 폭식으로 이어지거나, 잠을 자고 나면 잊어버린다고 말하는 경우도 힘든 마음을 음식이나 잠으로 외면하는 회피에 다름없다. 괴로워하고 슬퍼하고 아파해야 한다. 마음 성장의 아이러니다.

감추었던 콤플렉스를 받아들이면 방어에 힘쓰느라 소모되던 에너지가 해방된다. 감정을 억압하는 데 쓰였던 에너지가 삶의 원동력으로 바뀐다. 부족한 자신을 더 이상 비난하지 않기 때문에 자존감도 올라간다. 불편함을 표현하는 연습은 사소하게 느껴져도 엄청난 심리적 효과가 있다. 속박된 감정이 풀려나는 느낌, 풍성해지는 느낌, 중심에서부터 힘이 생겨나는 느낌 등 마음의 크기가 자라는 것만 같다. '진짜 나의 모습'은 나로부터 제외되어 그림자로 물러난 부분을 복원하는 과정에서 찾을 수 있다.

HOW TO — 다음에 해당하는 이들을 위한 실천 방안
- 심리적 불안감 앞에서 자기 억제가 되지 않는 사람
- 작은 일에도 크게 반응하는 사람
- 감정의 여운이 오래 가는 사람

STEP   1. 불편함이 느껴지는 마음을 찾는다.
일단 반응을 멈추고 시간을 두고 관찰한다.
2. 반응의 강도를 줄여본다.
어떤 일이든 과잉 반응하는 사람들은 의식적으로 자신의 반응을 줄이는 연습을 하면 좋다.
3. 부정적 감정을 표현해 본다.
안전한 대상과 함께할 때 부정적인 감정을 표현하며 조금씩 자신을 얽매던 감정에서 벗어날 수 있다.

사소하지만
익숙하지 않은 곳에서
변화가 시작된다

도윤은 1년 만에 다시 상담실을 찾았다. 1년 전에는 이대로 살 계획이니 공황 발작을 없애는 방법만 알려달라던 도윤이었다. 도윤은 얼마 전 고속도로를 운전하다가 터널 앞에서 사고가 날 것만 같은 극심한 두려움을 느꼈다. 정신을 차리려고 해도 온몸에서 식은땀이 흐르고 정신이 아득해졌다. 터널을 어떻게 통과했는지 지금도 잘 모르겠다. 그 뒤로 도무지 운전을 할 수 없었다. 작년에 운전하다가 공황 증상이 처음 나타난 이후 이번이 두 번째였다. 도윤은 이동에 대한 두려움을 느끼는 것은 물론, 일뿐만 아니라 일상에서도 큰 불편함을 겪고 있었다.

10여 년 전 도윤은 잘되던 사업이 크게 부도나면서 사업적으로 맺은 인간관계뿐만 아니라 부모님과 형제, 친구들까지 모든 관계를 끊고 잠적했었다. 최근에 사업이 회복되고 생활이 안정되면서 다시 사람들을 만나기 시작했다. 그동안 고생한 자신을 위해 좋은 음식을 먹고, 좋은 옷을 입고, 좋은 곳으로 여행도 다니고, 가까운 사람들에게 베풀면서 자신감도 많이 생겼다. 정말 잘지내고 있었다. 분명 스트레스 없이 편안하게 살고 있었는데 어느 날 갑자기 숨이 턱턱 막히는 증상이 나타났다. 고생도 끝났고 이제 편하게 살 만한데 왜 갑자기 이런 일이 생긴 건지 도윤은 이해할 수 없었다.

도윤은 점잖고 참을성 많으며 너그러운 사람이다. 인간관계에서도 사업적으로 문제가 되는 수준이 아니면 양보하고 베풀면서 산다. 그러나 10년 전에는 달랐다. 직설적으로 말하고 화도 잘 냈으며 원하는 대로 살았다. 사업에 실패하고 밑바닥을 경험한 뒤에는 그런 행동이 후회되었다. 강력한 실패 경험은 도윤에게 절대 속내를 드러내면 안 된다는 생각을 심어주었다. 시간이 흘러 다시 사업을 시작하면서 도윤은 이전과 다르게 살겠다고 결심했고, 정말 이전과는 완전히 달라졌다. 사람들에게 베풀고 잘 대하니 사업도 더 잘되었다. 심기에 거슬려도 웃어 보였고, 화가 날 법한 상황에서도 인내하며 침착함을 유지했다. 그렇게 도윤은 7~8년 이상 개인적인 감정을 말하지 않고 지냈다. 개인적인 대화도 사업에 관련된 주제가 아니면 흥미를 느끼지 못하고, 어릴 적 친구들을 만나도 술만 마실 뿐 사적인 이야기는 삼가다가 한계에 이르러 터진 것이다.

공황에서 벗어나려면 자신의 부정적인 감정을 존중해야 하는데, 도윤은 그러지 못했다. 조금 불편해도 자신만 참으면 그런대로 괜찮고 즐겁다는 게 그 이유였다. 공황이 발생했는데 자신을 억압하는 익숙한 태도를 고수하니 공황에서 벗어날 수 없었다. 도윤이 선택한 억압적 태도는 분명 재기에 도움이 되었고, 당시 고를 수 있는 최선의 선택지였다. 그러나 억압의 정도가 심해짐에 따라 최선의 선택은 최악의 결과를 낳았다.

자신을 방치하던 도윤은 고속도로 터널 앞에서 빨려 들어갈 듯한 극심한 공포를 겪은 후에야 자신의 감정을 돌보기로 결심했다. 규칙적인 생활을 중요시하고 규칙을 자신에게 맞추는 게 아니라, 자신을 규칙에게 맞추던 삶의 태도를 바꾸었다. 약속을 수시로 바꾸는 친구에게는 미리 알려달라고 요청했고, 불평하는 상대에게는 자신의 의사를 분명히 밝혔으며, 자신의 약점을 솔직히 이야기하며 친구들의 위로에 힘을 얻었다. 사소하다는 이유로 간과했던 일상의 불편함을 하나씩 바로잡았다.

사람들은 심리적인 문제가 발생했을 때 자신에게 익숙한 방법으로 문제를 해결하려고 노력한다. 변하고 싶은데 어떻게 바뀌어야 하는지 모르니 관성처럼 행동하는 것이다. 그러나 익숙하게만 행동해서는 내 앞에 닥친 난관을 이겨낼 수 없다.

많은 현대인이 어떻게 해야 행복해질 수 있는지 고민한다. 그 결과, 대부분이 더 많이 성취하면 내면의 열등감이 사라질 거라고 결론 내린다. 그런데 그렇게 계속 노력해 성취한 뒤에도 심리적 통증이 가시지 않는다. 오히려 능력, 외모, 성격, 매력 등 이상을 추구하며 남들보다 더 우수해지려고 노력하다가 어느 시점에 무기력과 우울감에 바닥을 치는 상태에 놓인다. 아무리 많은 걸 성취해도 열등감은 사라지지 않는다.

많은 민담民譚에서 꿈이나 환상 같은 무의식의 세계를 찾아볼 수 있다. 민담은 동화나 소설처럼 작가 한 사람에 의해 쓰이는 게 아니라 오랜 시간 사람들의 입에서 입으로 전해지면서 만들어지기에 보편적인 인간 정신의 흐름을 보여준다. 일례로 신데렐라 이야기는 문화권에 따라 조금씩 다르긴 하지만 비슷한 구조를 갖는다. 세세한 차이점을 제외하면, 계모와 이복 자매들의 구박을 받으며 어려움을 겪던 착한 신데렐라가 신비로운 외부의 도움으로 어려움에서 벗어나 왕자님과 결혼한다는 흐름은 같다. 자기 정신의 주인공(왕비)이 되기 위해서는 소외되고 초라한 마음(부엌데기)을 돌보며 자기 정신의 중심 주체로 일어서야 한다. 신데렐라뿐만 아니라 다른 민담에서 전달하는 메시지도 비슷하다. 불편한 감정을 대면해야 정신의 주인공으로 거듭날 수 있다.

구비 설화를 연구한 신동흔 건국대학교 교수는 《민담형 인간》에서 민담형 인간은 '뒤에 몰래 딴마음을 감추지 않으며, 문제에 정면으로 부딪치고, 자기 욕망에 충실한 사람'이라고 설명했다. 즉, 자신의 욕구를 침범당하지 않으면서 살아가는 사람을 말한다. 행복해지기 위해 무언가를 더하기보다는 무언가로 행복을 찾으려는 태도를 멈출 때 마음이 성장한다.

사람들은 사소한 말 한마디에 쉽게 상처를 받는다. 하지만 마음속 불편함을 "별것 아닌데 말을 꺼내면 주변 사람들이 변했다고 할 것 같아요"라며 묻어둔다. 그러다가 나름대로 노력해도 고질적인 문제가 극복되지 않는 한계에 맞닥뜨렸을 때 전문 기관의 도움을 받기로 결심한다. 하지만 정작 변화를 위한 용기 내기를 두려워한다. 자신의 감정을 무시하며 살아온 사람일수록 두려움은 크다.

변화의 바람은 예측하지 못한 사소한 곳에서 불어온다. 민담에서 말하는 것처럼 거들떠보지 않던, 외면했던 영역을 보살피는 낯선 태도가 부엌데기였던 신데렐라를 자기 삶의 주인공인 왕비로 만든다. 그동안 해보지 않았더라도 용기를 내야 변화가 일어나고 성장한다.

미국의 기상학자 에드워드 노턴 로렌즈Edward Norton Lorenz는 '나비 효과'라는 용어를 처음 사용했다. 나비 효과는 어느 한 곳에서 일어난 나비의 작은 날갯짓이 뉴욕에 태풍을 일으킬 수 있다는 이론이다. 초기 조건의 사소한 변화가 어느 정도 시간이 흐른 뒤 전체에 영향을 미치는 경이로운 결과를 가져올 수 있다. 변화의 계기는 눈에 잘 띄지 않는 사소하고 작은 조각들에 있다. 마음에서 일어나는 작은 날갯짓도 외면하지 않아야 나비 효과가 일어난다. 불편감이 느껴지는 사소함을 중요하게 생각하는 것이 자신이 살아날 수 있는 길이다.

잃어버린 작은 감정들은 어디에 있는가

현우는 유학을 가면서 친구들과 멀어졌다. 외롭거나 서운하다고 생각하지 않았기에 언뜻 보면 매우 담담해 보였다. 하지만 사실 그는 자기표현을 하지 못해 일상생활을 유지하기 힘들 정도의 어려움을 겪고 있었다. 공부 외에는 주체적으로 무언가를 하는 것 자체가 어려워 필요한 물건이 있어도 직접 사러 가지 못하고 주위 사람에게 부탁했다. 가족의 도움 없이는 일상생활을 영위할 수 없을 정도였다.

현우는 공부 잘하고, 말 잘 듣고, 힘들어도 인내하는 게 당연하다고 생각했다. 공부하기 싫고, 순종하기 싫고, 놀고 싶은 마음은 잘못된 것이라고 여겼다. 현우 같은 유형의 사람들은 사회에서 인정하는 객관적인 기준은 받아들이지만 개인적 편향에 좌우되는 주관적인 감정은 무시하는 경향이 있다. 이들은 사회적인 요구나 타인의 요구에 따르는 모습을 긍정적으로 평가한다. 그런데 주관적인 생각과 감정이야말로 진정한 '나'라고 할 수 있다.

개인적인 감정들이 묻혀 있는 곳이 바로 나의 고유함이 있는 보고寶庫다. 자아가 튼튼한 사람은 자기감정을 수용해 온 역사가 차곡차곡 쌓여 있기 때문에 어려움에 흔들릴 수는 있어도 겉보기에 위태로워 보이지 않는다. 자아가 약할수록 사소하고 작은 것들에 상처를 크게 입는다. 자아의 크기가 작으면 주변의 영향을 많이 받는다. 남들은 그냥 지나쳐 버릴 말들을 예민하게 받아들이고, 대인 관계에서도 사람들의 눈치를 살피기 바쁘다. 그래서 사람이 많은 곳에 가거나 사람을 만나고 나면 쉽게 지친다. 외부의 영향을 크게 받아서 에너지 소모가 많은 것이다. 그러면서 가랑비에 옷 젖듯 상처 받은 마음들로 인해 서서히 자아가 위축된다.

트라우마가 될 만한 사건도 없었건만 현우는 사람들 앞에만 서면 위축되어서 사람들로 북적거리는 자리는 늘 피했다. 이런 자신의 모습이 마음에 걸리기는 했지만 딱히 사람들 앞에 설 일도 없어서 신경 쓰지 않고 있었다. 현우는 자신의 기분이 좋지 않을 때도 상대방에게 사소한 일로 예민하게 구는 것처럼 보일까 봐, 화기애애한 분위기를 망치기라도 할까 봐 입을 꾹 다물고만 있었다.

현우처럼 자기표현에 어려움을 겪는 사람이라면 솔직해지는 연습이 필요하다. 사람들이 생각보다 타인에게 관심이 없다는 사실을 받아들이고, 설사 실수를 하더라도 예민하게 지적하기보다는 크게 신경 쓰지 않고 넘어간다는 사실을 깨닫기 위해서는 자신의 의사를 정확히 밝혀야 한다. 어느 누구도 당신을 이상하게 여기지 않는다. 자신을 드러내는 경험은 심리 회복에 큰 도움이 된다.

불편한 감정들을 의식으로 복원시키는 작업이 필요하다. 이는 나의 주관적인 감정이 묻어 있는, 나의 그림자를 복원하는 일이다. 누구나 자기 입장에서는 불편해서 억압한 것이므로 의식으로 끌어올리는 것은 좋지 않다고 생각한다. 하지만 직접 경험해야 알 수 있는 일들이 있다. 감정을 표현하더라도 그럭저럭 괜찮고 아무 일도 벌어지지 않는다는 사실을 몸으로 체험해야 한다.

거절하더라도 보복당하거나 관계가 단절되는 등 극단적인 결과가 벌어지지 않는다는 사실을 깨달아야 한다. 직접 겪어보면 안심할 수 있다. 그래야 '나'를 표현하는 능력이 한 단계 더 발전할 수 있다. 처음에는 어렵겠지만 표현할수록 더 잘 표현하게 된다.

자아가 탄탄하지 않으면 현실에서 자신의 모습이 어떤지 제대로 알 수 없다. 누군가 칭찬하면 자신이 엄청 대단한 것 같고, 누군가 지적하면 부끄럽고 자신이 보잘것없어 보인다. 그렇게 작은 일들에서 주관적으로 팽창과 위축을 경험한다. 인간의 삶은 결국 사소한 것들이 하나둘 모여서 이루어진다. 사소한 '나'가 모여서 나의 중심이 만들어진다. 잃어버린 작은 감정들을 복원시켜야 하는 이유다.

HOW TO — 다음에 해당하는 이들을 위한 실천 방안

- 변화가 두려운 사람
- 문제가 발생해도 회피하거나 외면하는 사람
- 원인을 알 수 없이 위축되는 사람

STEP 1. 통제에 대한 집착을 내려놓는다.

변화를 두려워한다는 것은 곧 통제할 수 없는 상황을 두려워하고 타인의 시선을 지나치게 의식하고 있다는 뜻이다. 통제

되지 않는 상황을 견뎌봐야 한다.

2. 자신과 타인의 경계를 바로 세운다.

지나치게 선을 긋는 것은 좋지 않지만, 적절하게 분리해 '나'와 '너'가 다름을 인식하고 수용하면 불안 상황에서 보다 자유로워질 수 있다.

3. 변화와 고정을 두려워하지 않는다.

누구나 고정될 수도 있고 변화할 수도 있다. 자신이 너무 틀에 박힌 듯해 애써 변화하려고 하거나, 반대로 유동성이 두려워 변화하지 않으려고 애쓰는 것 둘 다 좋지 않다. 자연스럽게 받아들이는 태도가 중요하다.

내 마음과
반대로 행동하지 않기

첫 직장에 들어간 민주는 나이가 비슷한 선임 덕분에 회사에 잘 적응할 수 있었다. 1년 정도 지나니 일에도 어느 정도 적응되고 사람들과도 편해졌다. 그런데 믿고 의지했던 선임이 퇴사한 뒤 모든 게 불안했다. 시간이 지나면 나아질 거라고 생각했지만, 날이 갈수록 심해졌다. 회사에 가면 식은땀이 흐르고 손이 심하게 떨려 컵을 떨어트리기도 했다. 일에 관한 질문이라도 받으면 얼굴이 빨개졌고, 주변을 정리하는 것조차 힘들었다. 눈치 주는 사람도, 혼내는 사람도 없는데 혼자 전전긍긍했다. 스펙 쌓기 좋은 회사라 버텨보고 싶은데 너무 힘들었다. 집에 오면 실신하듯 쓰러져 잠드는 상황이었다. 결국 더는 안

될 것 같아 상사에게 퇴사 의사를 전달했으나 그 의사마저 묵살당했다. 두 차례나 퇴사 의사를 표했건만 회사가 바쁜 시기이고 후임을 구하기도 어려우니 경력 쌓는다 생각하고 계속 근무하라는 것이다. 그렇게 실랑이를 하며 근무한 지 어느덧 6개월째, 민주는 하루하루 더 힘들어질 뿐이었다.

민주의 사연에서 가장 의문을 느낀 부분은 상사와의 면담에서 그녀의 퇴사 의사가 왜 무시당했는가였다. 구체적으로 어떻게 이야기했는지 묻자 면담 분위기를 망치고 싶지 않아서 웃으며 "퇴사하고 좀 놀려고요"라고 말했다고 했다. 상사로서는 당연히 만류할 수밖에 없는 상황이다. 이런 문제점을 지적하자 민주는 버틸 수 없어서 퇴사한다는 게 자존심이 상해서 말하고 싶지 않았다고 했다. 잘 버텨서 경력을 쌓고 싶은 생각도 민주의 마음 한구석에 있었다. 상반된 두 마음을 듣고 나서야 그녀가 얼마나 자존심이 상하고 속상했을지 제대로 공감할 수 있었다. 민주는 좌절하고 위축된 마음을 표현하는 데 어려움을 겪고 있었다.

미국의 심리학자 앨버트 메라비언Albert Mehrabian은《침묵의 메시지Silent Messages》에서 비언어의 중요성을 강조했다. 의사소통 과정에 언어가 차지하는 비중은 7퍼센트, 말투나 억양, 목소리의 크기 등 청각 정보가 차지하는 비중은 38퍼센트, 몸짓이나 자세,

시선, 눈빛, 표정, 분위기 같은 비언어적 정보가 차지하는 비중은 55퍼센트에 달한다. 즉, 언어가 7퍼센트, 비언어가 93퍼센트를 차지한다. 메시지를 전달할 때 언어적 요소보다는 무의식이 스며든 비언어적 요소를 더 중요하고 신뢰할 만한 정보로 인식하는 것이다.

민주는 언어적으로는 퇴사 의사를 표했지만 비언어적으로는 퇴사하려는 마음과 퇴사하기 싫은 상반된 두 마음을 표현했다. 즉, 퇴사를 하려는 의사는 7퍼센트 정도 표현되고, 결정을 못 내리겠어서 혼란스러운 의사는 93퍼센트 전달된 것이다. 이를 감안하면 상사가 그의 마음을 정확하게 파악했다고 볼 수 있다. 그래서 그의 퇴사 의사를 무시하고 설득했던 것이다. 이처럼 자기 마음을 제대로 알지 못하면 자신의 의사를 진지하게 전달하지 못하거나 아예 기회를 놓칠 수도 있다. 승환의 사례가 바로 그런 경우다.

승환의 회사는 같은 직급의 동료가 많아 승진 경쟁이 치열했다. 그런데 회사에서 중요한 업무를 담당하는 부서에 갑자기 공석이 생겼다. 승진에 유리한 업무를 담당하는 자리라서 누구나 가고 싶어 하는데, 운 좋게도 자신과 동료에게 선택의 기회가 생겼다. 우유부단한 성격의 상사는 두 사람이 상의해서 결정하라며 회의실을 나갔다. 멍하니 앉아 있는 승환과 달리 동료는 부서를 이동하고 싶다는 의사를 절실하게 표현했다. 동료의 말을 듣고 있던 승환은 머릿속이 점점 하얘지다가 그 일을 하고 싶었던 바람이 사라졌다. 결국 그 부서에 가면 스트레스가 클 거라며 포기를 합리화하는 상황에 이르렀다. 동료에게 양보한 뒤에야 승환은 좋은 기회를 포기한 자신이 바보처럼 느껴졌다. 서로의 입장이 맞서는 긴장감을 견디지 못하고 자기의 욕구를 뒤로 밀어둔 결과이기에 승환은 그 누구도 원망할 수 없었다.

거절하는 용기가 자아의 힘을 길러준다

자신의 목소리를 내려면 어색함과 불편함을 인내해야 한다. 또다른 사례를 살펴보자. 유나는 주말마다 음식을 해서 집에 오는 부모님 때문에 고민이었다. 모처럼 쉬려는데 방해가 되기도 하고 거의 밖에서 끼니를 해결하다 보니 매번 음식이 남아 처리도 곤란했다. 음식을 해오지 말라고 여러 차례 말씀드렸지만 소용없었다. 음식을 해서 아무 때나 불쑥 찾아오는 부모님을 막을 수 없었다. 두 손 가득 음식을 준비해 오는 부모님께 고맙고 죄송한 마음도 있지만, 짜증 나는 것도 사실이었다. 주중에 너무 바쁘게 살다 보니 주말 아침의 평화는 유나에게 얼마 없는 소중한 시간이었다. 그 평화를 유지할 수 있는 방법은 없을까? 직설적으로 말하려니 도저히 입이 안 떨어졌다. 부모님이 속상하실까 봐 말하지 못하는 것이라고 하지만, 사실 유나 본인이 불편한 상황을 견디지 못해서 직설적으로 말하지 못했다.

주말의 평화를 포기하고 싶지 않았던 유나는 결국 어려운 이야기를 꺼내보기로 했다. 음식을 가지고 불쑥 찾아오는 부모님을 피하기 위해 외출한 뒤 지금 집이 아니니 현관 앞에 두고 가라고 말했다. 부모님은 아무렇지도 않게 받아들였다. 그동안 고민했던 시간들이 허무할 정도로 쉽게 해결된 것이다. 아주 작은 실천을 했을 뿐인데 그녀의 주말 스트레스가 완전히 해소되었다. 한 번 용기를 내자 두 번은 쉬웠다. 유나는 부모님께 음식이 필요하면 본가로 가지러 가겠다며 만약 음식을 해오더라도 집 앞에 두고 가달라고 말씀드렸다. 그 후로 유나는 자신의 경계를 침범당하지 않게 되었다. 부모님의 음식 통제에서 벗어나 혼자만의 주말 시간을 여유롭게 즐길 수 있게 된 것이다.

이처럼 욕구가 대치되는 상황에서는 불편함을 견디면서 자신을 보호하거나 상대방에게 침범당하지 않아야 한다. 상대방이 조금 불편해하더라도 타인과 적절한 경계를 세워 심리적 거리를 만들어야 한다. 작은 실천 속 성공 경험을 통해 마음의 근력이 생긴다.

불편한 상황을 견디지 못하는 사람들은 갈등 상황에 부딪쳤을 때 보통 자신을 희생시킨다. 이런 이들은 새로운 사람을 만나는 데는 아무런 어려움도 느끼지 않는다. 상대방에게 적극적으로 다가가 안부를 묻고 취미를 공유한다. 사람들은 그를 분위기 메이커라고 부른다. 무리에서 우두머리 역할을 맡기도 한다. SNS상에서도 적극적으로 소통한다. 누군가 글을 올리면 상대방이 원할 것 같은 답변을 해준다. 원래 활달해서 적극적으로 나서는 게 아니라, 낯선 분위기나 긴장감 도는 침묵을 견디지 못해서 행동에 나서는 것이다. 그러다가 상대방과 가까워지면 자신의 의존적이고 불안한 모습을 눈치챌까 봐 회피한다.

외부 환경에 자신을 과도하게 맞추는 사람들에게는 '내 마음과 반대로 행동하지 않기'가 필요하다. 상대방이 농담처럼 나를 깎아내린다면 다른 사람의 이야기인 듯 같이 웃고 떠드는 대신, 웃음을 멈추는 등 비언어적으로라도 자신의 감정을 표현해야 한다. 그래야 상대방도 본인이 실수했다는 사실을 알아차리고 태도를 바꾼다. 상대방과 상호 작용하다가 기분이 나빠지면 그 감정을 그대로 표현하지는 않더라도 최소한 기분 좋은 척하거나 동조하지는 않아야 한다. 불쾌한 감정을 느끼는데 불쾌하지 않은 척, 괜찮은 척, 대범한 척하지 말아야 한다. 사회적인 관계에서는 'ㅇ

○한 척'할 필요가 있는 게 사실이지만, 매사 그렇게 해야 하는 것은 아니다. 항상 착한 척, 순한 척, 일 잘하는 척, 반듯한 척하면서 살아간다면 결국 심리적인 문제가 생기게 마련이다. 자신을 속여서는 안 된다. 사소한 것부터 나의 행동을 선택할 때 자신의 마음과 반대되는 선택을 하지 않기 위해 노력해야 한다.

마음은 아는 만큼 표현할 수 있다. 자기 마음을 다 안다고 생각할 수 있지만, 실제로 다 알기는 어렵다. 실존주의 철학자 마르틴 하이데거Martin Heidegger는 "언어는 존재의 집"이라고 했다. 언어에는 사람의 마음이 묻어 있기에 말을 들어 보면 그 사람의 마음과 행동을 어느 정도 유추할 수 있다. 주변 사람과 원활하게 소통하기 위해서는 마음과 일치하는 언어를 사용해야 한다. 어떤 언어를 어떻게 사용하는가에 따라 외부 관계뿐만 아니라 자기 내면과의 관계도 달라진다. 나는 그 누구보다 '나'와 친해져야 한다.

외부에서 스트레스가 발생했을 때 타인의 욕구 때문인지 자기의 욕구 때문인지 구별하는 게 어려운 경우가 있다. 주변 환경이 열악할수록 자신의 욕구에 충실하기 어려워진다. 자신보다 외부를 더 중요하게 생각하다 보니 반대 의사를 표현하고 싶어도 상당히 조심스럽게, 상대방의 마음이 상하지 않게 전달하려고 한다. 하지만 '노(NO)'를 생각하면서 상대방에게 '예스(YES)'라고 말할 수는 없다. 불쾌한 걸 행복하다고 말할 수 없고, 싫은데 좋다고 말할 수 없다. 그렇게 하는 건 스스로를 속이는 행위다. 객관적인 일들은 거절하기 쉬운데, 주관적인 영역은 거절하는 게 어렵다. 우리는 누구나 거절에 대한 두려움을 가지고 있다. '거절하면 나를 떠나지 않을까?', '나를 이상하게 보지 않을까?', '괜히 말했다가 관계가 멀어지는 건 아닐까?' 등 거절한 후 두려운 일이 벌어질까 봐 겁이 나서 침묵한다. 그렇기 때문에 사소하고 작은 것들부터 표현하는 훈련이 필요하다. 불편해도 거절한 뒤 아무 일도 벌어지지 않는다는 사실을, 괜찮다는 무탈함을 경험해야 한다. 당신이 작은 것부터 시작해서 조금 더 용기 있게 서서히 나아갈 수 있기를 간절히 바란다.

(*HOW TO*) — 다음에 해당하는 이들을 위한 실천 방안

- 거절하는 데 어려움을 겪는 사람
- 질질 끌려다니는 사람
- 자신의 의사를 명확히 표현하지 못하는 사람

(*STEP*) 1. 관계에서 부정적 마음이 일어나는지 살핀다.

어떨 때 특히 상대를 거절하고 싶고 불편함을 느끼는지 고민한다.

2. ①에서 나타나는 부정적 마음의 크기를 가늠해 본다.

감정의 크기를 수치상으로 나타내 보면 객관화된다. 힘든 정도에 1~10으로 점수를 매긴다.

3. ②를 기반으로 상황에 따라 자기표현의 수위를 조절한다.

단, 마이너스의 감정을 굳이 플러스로 표현하지 않는다.

다섯 번째 마음 상담소

당신만을 위한 마음 상담소가 열렸습니다. 다음의 질문지를 읽고 자유롭게 답변해 보세요. 대답을 원하지 않는 질문이 있다면 대답하지 않아도 좋습니다. 글이 어렵다면 그림이나 말로 표현해도 괜찮습니다.

1. 모호하고 불확실한 두려움을 겪어본 적 있나요? 사례와 감정을 이야기해 보세요.

....

....

....

....

2. 예기치 못한 말이나 행동, 실수로 곤혹스러웠던 경험을 서술해 보세요.

....

....

....

3. 감정의 후폭풍에 사로잡혔던 적이 있나요?

....

....

....

....

4. 최근 당신의 최대 관심사는 무엇인가요? 왜 그것에 관심을 갖게
되었나요?

....

....

....

....

....

5. 자신의 마음이 성장해야 한다고 생각하는 까닭을 설명해 보세요.

....

....

....

....

....

6. 당신은 자신의 삶을 충분히 누리고 있나요?

....

....

....

....

7. 지금 가장 하고 싶은 일이 무엇인가요?

....

....

....

....

....

8. 평소 당신의 기분은 어떤가요?

....

....

....

....

....

9. 지금보다 더 행복해지기 위해 당신에게 필요한 건 뭘까요?

....

....

....

....

....

10. '나'에게 못했던 말을 해주세요.

....

....

....

....

....

어렸을 때는 어른이 되면 뭐든 할 수 있을 거라고 믿어요.
원하는 것을 가지고 성취할 수 있을 거라고요.
그런데 어른이 될수록 할 수 없는 일이 늘어납니다.
거듭되는 실패 속에서 무력감을 느끼겠지만
그럼에도 지금 당신이 가장 하고픈 일을 하세요.

언젠가 당신이
괜찮아지는 날이 오기를

상담 현장에서 수십 년간 수많은 내담자를 만났다. 그 시간을 되돌아보니 그들의 마음 성장에 동행하며 나의 마음 또한 함께 성장했다. 내담자를 만나는 횟수가 늘어날수록, 더 많은 이들의 이야기에 귀 기울이고 그들의 아픔에 공감할수록 미진했던 나의 마음도 자라났다. 이제와 말하건대 사실은 나 역시 치열했다. 박사를 취득한 이후에도 분석심리학, 철학, 신화학, 인문학 등 온갖 학문에 주의를 기울이며 이 현실에서 어떻게 하면 나답게 살아갈 수 있는지 고민했다. 내면의 뿌리가 바로 설 수 있는 방법이 무엇인지에 대한 고민이었다. 그 고민에 대한 실마리를 푸는 시점에 이 책을 쓸 수 있게 되어 다행이라는 생각이 든다. 나와 나를 찾은 내담자들이 하는 고민은 곧 모두의 고민 그리고 불안일 테니.

언제부턴가 내가 내담자들의 엄마 같다는 생각이 들었다. 함께 아파하고 그들을 지지하는 과정에서 나는 그들을 깊이 애정하고 응원했으며 있는 그대로 잘 살 수 있기를 간절히 바랐다. 마음이 자라지 못한 이들은 그만큼 의지할 곳이 없다는 증거이기도 했으므로 나는 잠시라도 나의 내담자들이 나에게 의지할 수 있다면 그걸로 족했다.

독립된 인격체로서 나는 모두를 존중한다. 그래서 이 책에는 '행복'에 대한 대안이 없다. 사람들은 저마다 행복을 느끼는 자리가 다르므로, '행복 찾기'는 내가 여러분에게 드리는 과제이자 나 역시 평생 풀어나가야 할 숙제다. 다만《어른이 된다고 다 괜찮아지진 않았다》가 행복을 찾아나서는 여정의 초석이 되었기를, 그리하여 반드시 여러분이 행복을 찾아가기를 바라고 또 응원한다. 그러니 자신을 방치하지 않았으면 좋겠다. 아파도 되는 사람은 없다. 상처받아도 되는 사람도 없다. 당신은 당신으로서 충분히 가치 있다. 당신이 지금 느끼는 불안과 통증은 잘 살아가기 위한 성장통이고 여전히 순수하다는 증거이며 조금 더 잘 살아가고 싶다는 간절함이다.

　대신, 지나치게 먼 곳에서 기쁨을 찾기보다는 매일의 기쁨을 하나씩 수집해야 한다. 사소한 일상 속에서 좋은 것을 발견할 수 있다면 행복감의 허들이 낮아질 수 있다. 여러분의 불안은 오로지 여러분의 것이 아니다. 나는 이 동행에 언제나 함께할 준비가 되어 있다. 그러니 지치지 말고 천천히 한걸음씩 내딛기를 바란다.

　자, 이제 당신 안에서 자라지 못한 어린아이를 안아줄 시간이다.

내일의 당신을 위하여

이경희

어른이 된다고
다 괜찮아지진 않았다

초판 1쇄 인쇄 2023년 12월 1일
초판 1쇄 발행 2023년 12월 25일

지은이 이경희
펴낸이 유정연

이사 김귀분
책임편집 정유진 **기획편집** 신성식 조현주 유리슬아 서옥수 황서연 **디자인** 안수진 기경란
마케팅 반지영 박중혁 하유정 **제작** 임정호 **경영지원** 박소영

펴낸곳 흐름출판(주) **출판등록** 제313-2003-199호(2003년 5월 28일)
주소 서울시 마포구 월드컵북로5길 48-9(서교동)
전화 (02)325-4944 **팩스** (02)325-4945 **이메일** book@hbooks.co.kr
홈페이지 http://www.hbooks.co.kr **블로그** blog.naver.com/nextwave7
출력·인쇄·제본 삼광프린팅(주) **용지** 월드페이퍼(주) **후가공** (주)이지앤비(특허 제10-1081185호)

ISBN 978-89-6596-606-7 03180